# ENQUÊTE SUR LA LÉGISLATION

## RELATIVE

# AUX ALIÉNÉS DITS CRIMINELS

I. — Procès-verbaux

II. — Réponses au questionnaire

## PARIS

### IMPRIMERIE CENTRALE DES CHEMINS DE FER

### A. CHAIX ET Cie

RUE BERGÈRE, 20, PRÈS DU BOULEVARD MONTMARTRE

### 1878

# ENQUÊTE SUR LA LÉGISLATION

## RELATIVE

# AUX ALIÉNÉS DITS CRIMINELS

Dans le sixième numéro du *Bulletin* de cette année, nous avons fait connaître que la question des aliénés dits criminels avait été mise à l'ordre du jour de la Section de législation pénitentiaire, et qu'un questionnaire avait été adressé aux membres de la Société générale des prisons résidant à l'étranger.

La plupart de ceux-ci ont répondu à notre appel, et nous ont fait parvenir des documents précieux, des travaux du plus grand intérêt. — Nous nous empressons de les remercier de l'accueil qu'ils ont fait à notre communication.

Aujourd'hui nous entreprenons la publication des *Procès-verbaux* de la Section de législation, et des *Réponses* que nous avons reçues de nos collègues.

*Le Secrétaire général,*
FERNAND DESPORTES.

# PROCÈS-VERBAUX

DES SÉANCES DE LA SECTION DE LÉGISLATION PÉNITENTIAIRE.

———

## Séance du 7 juin 1878.

*Présidence de* M. le Premier Président MERCIER.

La séance est ouverte à 8 heures.

M. LE PRÉSIDENT rappelle que, sur la proposition de M. Picot, directeur des affaires criminelles et des grâces, le Conseil de Direction de la Société générale des prisons a prié la Section de Législation pénitentiaire d'examiner si la législation française ne comporte par quelque amendement par rapport aux aliénés dits criminels et de rechercher quelles sont à leur égard les disposisitions actuelles des lois étrangères. Il donne la parole à M. Picot pour exposer la question.

M. PICOT, *directeur des affaires criminelles et des grâces*, expose que les inculpés ou accusés déclarés irresponsables par la justice, pour cause d'aliénation mentale, sont mis à la disposition de l'Administration qui a la mission de les surveiller et de les séquestrer lorsqu'ils sont un danger pour la société; mais, ajoute-t-il, après un court séjour dans la maison de santé l'aliéné devient souvent très-calme, il ne donne plus aucun signe de folie, et dans l'état actuel de notre législation, le directeur de l'asile, sur l'avis conforme du médecin, se trouve dans l'obligation de mettre en liberté ces séquestrés momentanément guéris. — Aussitôt revenus à leur vie habituelle, ces individus, sous l'influence des excitations et des excès qui les avaient une première fois privés de l'intégrité de leurs facultés, perdent de nouveau la raison, et les magistrats voient ainsi fréquemment reparaître devant eux des inculpés qu'ils doivent encore acquitter et qui se trouvent en quelque sorte en possession d'un brevet d'impunité. — De là, une espèce de conflit négatif entre la magistrature et l'administration, et, en se plaçant à un autre point de vue, un péril pour la société, qui est contrainte de supporter à l'état de liberté des individus à folie intermittente. — Il y a là une lacune à combler.

M. Picot, résumant alors rapidement les travaux déjà publiés sur la question des aliénés dits criminels, rappelle qu'en 1872 la Société de législation comparée a fait une enquête qui s'est terminée par une proposition de loi ayant surtout pour but (art. 44) de donner exclusivement aux chambres d'accusation le droit de statuer sur la séquestration et la mise en liberté des aliénés criminels; la Société de médecine légale a également étudié cette question et est arrivée à une solution analogue : elle s'est arrêtée à l'idée que la société n'est pas suffisamment garantie contre les actes criminels ou délictueux commis par les aliénés qui sont l'objet d'une ordonnance de non-lieu ou d'un acquittement, et elle a émis le vœu que les pouvoirs aujourd'hui confiés par la loi à l'Administration, en cette matière, fussent transférés aux corps judiciaires.

Enfin, dit en terminant M. Picot, en 1872 l'Assemblée nationale avait été saisie d'un projet de loi sur les aliénés; elle n'a pu, avant sa séparation, donner une solution au problème qui nous occupe, mais le gouvernement se propose de soumettre de nouveau la question au parlement. Dans ces circonstances, ajoute-t-il, j'ai pensé que notre Société devait être appelée à réunir les documents sur la matière et à formuler son opinion.

M. le Président consulte la section sur la prise en considération de la proposition de M. Picot, et M. Fernand Desportes émet l'avis qu'il y aurait lieu de rédiger de suite un questionnaire pour l'envoyer à tous les membres de la Société générale des prisons résidant à l'étranger.

M. le D<sup>r</sup> Motet, *secrétaire général de la Société médico-psychologique*, fait alors connaître qu'un Congrès de médecine mentale doit se réunir dans les premiers jours du mois d'août, que la question des aliénés criminels y sera traitée, et il invite les membres de la section à assister à ce congrès. — Cette proposition rencontre l'approbation unanime et il est décidé que plusieurs membres de la Société des prisons seront délégués pour suivre les travaux du Congrès de médecin mentale.

La section s'étant ensuite prononcée à l'unanimité en faveur de la prise en considération de la proposition faite par M. le secrétaire général, M. Picot donne lecture d'un projet de questionnaire.

M. Dubois, *substitut du procureur général près la Cour de Paris*, demande la parole et signale un fait particulier qui peut se renouveler : Un individu accusé de crime a été traduit en Cour d'assise à Paris, et là, il a présenté pour la première fois des signes d'aliénation mentale ; la cour a dû surseoir à statuer et l'accusé a été placé par les soins de l'Administration dans une maison de santé ; mais, peu de temps après, cet accusé redevenu calme a été mis à la disposition de la justice afin de purger l'arrêt de renvoi, et la scène qui s'était produite lors de la première comparution aux assises s'est renouvelée ; un sursis a encore été ordonné... Il y a là, fait observer M. Dubois, quelque chose de pénible pour tout le monde, un certain scandale publique, et il y aurait peut-être lieu, puisqu'on s'occupe de la question des aliénés criminels, de rechercher le moyen de dénouer à l'avenir une semblable situation.

M. Lacointa, *avocat général à la Cour de cassation*, déclare qu'à son point de vue, l'embarras n'est pas aussi grand que semble le craindre M. Dubois, car, dans ce cas, on n'a pas à redouter une mise en liberté arbitraire, l'accusé devenu aliéné avant jugement appartient à la justice et les sursis successifs n'ont rien que de parfaitement légal. Puis, poursuivant l'examen de la question générale soumise à la section, M. Lacointa expose que, pendant les instructions, il se produit souvent des conflits entre les médecins et les magistrats sur le point de savoir en quel lieu — à la prison ou à l'hôpital — doit séjourner l'inculpé soumis aux investigations des docteurs experts.

Il y aurait encore là une difficulté à trancher.

Enfin, sur l'opportunité même du débat, M. Lacointa pense que la question spéciale des aliénés-criminels engage la question générale de la loi de 1838, et qu'il y aurait un certain intérêt à ne faire qu'une loi sans en détacher aujourd'hui un chapitre.

M. Picot en réponse à ces diverses observations, explique que, d'après lui, il n'existe qu'un moyen légal de trancher la situation indiquée par M. Dubois, c'est d'exécuter l'arrêt de renvoi et de faire statuer par le jury; mais ce point peut, ajoute-t-il, faire l'objet d'un alinéa dans le questionnaire à envoyer. Puis envisageant les considérations présentées par M. Lacointa, M. Picot, tout en reconnaissant que la question des aliénés criminels n'est qu'un des éléments de la loi sur les aliénés, fait connaître que les travaux, en ce qui touche la question générale, sont presque complets, et que la Société des prisons est particulièrement compétente pour étudier spécialement la partie relative aux aliénés criminels.

Il est alors donné lecture de divers articles des projets de loi préparés à la Société de la législation comparée, à la Société de médecine légale, à l'Assemblée nationale, et la discussion s'engage de nouveau.

M. le Dʳ Motet revenant à l'idée émise par M. Lacointa, fait ressortir combien il est difficile aux médecins, surtout au cas de simulation de folie, de suivre l'inculpé pendant qu'il est détenu en prison, et qu'il serait nécessaire de créer des asiles spéciaux pour permettre aux experts de faire leur examen à loisir.

M. Petit, *conseiller à la Cour de cassation*, prend ensuite la parole et expose qu'après le jugement ou le verdict du jury, la magistrature est dessaisie, et qu'il lui paraît bien difficile de faire statuer alors les magistrats, — les chambres d'accusation par exemple, — sur le sort des inculpés acquittés pour cause d'aliénation mentale. C'est là bien plutôt le fait de l'Administration. Si vous vous adressez aux chambres d'accusation, elles seront bien embarrassées car elles se trouveront à avoir à prendre parti entre l'opinion des médecins et leur *propre opinion déjà manifestée* par un renvoi aux assises. En tout état de cause, si on doit faire intervenir la magistrature, il faut s'adresser à la juridiction civile et non à la juridiction criminelle.

M. Lacointa fait à son tour observer que ce que l'on veut, c'est une loi contre l'arbitraire. Si on touchait à la loi de 1838, ce serait pour faire statuer la magistrature sur l'entrée dans les asiles des individus signalés comme étant aliénés ; pour la sortie, l'arbitraire est également dangereux et l'intervention des magistrats est désirable.

En définitive, dit M. Desportes, les considérations échangées démontrent que la question qui nous est soumise, soulève des difficultés sérieuses, mais aujourd'hui c'est une enquête que nous ouvrons et nous sommes, je crois, tous d'accord sur la nécessité de réunir des documents ; je vous propose donc de voter l'envoi du questionnaire.

Sur l'invitation de M. le Président, il est de nouveau donné lecture du projet du questionnaire, et, après avoir introduit quelques modifications, la section de législation l'adopte dans les termes suivants :

## QUESTIONNAIRE SUR LES ALIÉNÉS DITS CRIMINELS

*1° Dans votre pays, les accusés ou prévenus atteints d'aliénation mentale et reconnus irresponsables par la sentence judiciaire qui les acquitte, sont-ils mis en liberté sur-le-champ ? Sont-ils soumis à un régime spécial ?*

*2° En quoi ce régime consiste-t-il ? Diffère-t-il de l'asile ordinaire des aliénés ?*

*3° Dans quelle forme l'irresponsabilité de l'accusé ou du prévenu atteint d'aliénation mentale est-elle déclarée judiciairement ? Que se passe-t-il en cas de poursuites devant le jury ? Une question spéciale peut-elle être soumise au jury sur l'état mental de l'accusé ? Comment cette question est-elle posée ?*

*4° Quelle est l'autorité qui ordonne le placement dans l'asile et dans quelle forme ? Est-ce l'autorité judiciaire ou bien l'autorité administrative ?*

*5° Une durée minimum du séjour dans l'asile est-elle fixée ?*

*6° Comment les visites et les inspections de l'asile sont-elles réglées ?*

*7° La sortie des aliénés ayant commis un crime ou un délit, est-elle soumise à des règles spéciales ?*

*8° Les médecins sont-ils les seuls juges de l'opportunité des sorties ?*

*9° Le pouvoir judiciaire ou l'autorité administrative exerce-t-elle un droit d'examen ?*

*10° Existe-t-il une disposition de loi réglant la matière ?*

*11° La loi en vigueur dans votre pays est-elle l'objet de critiques sérieuses ? Sur quel point portent-elles ?*

*12° Les inculpés dont les facultés mentales paraissent altérées, sont-ils soumis, au cours de l'instruction, aux expertises médico-légales dans l'intérieur des prisons ou dans des asiles?*

*13° Les détenus atteints d'aliénation mentale postérieurement à leur condamnation, sont-ils maintenus dans un quartier spécial de la prison ou dans un asile? Existe-t-il un asile spécial?*

*14° Est-il possible de communiquer ou tout au moins de signaler à la Société générale des Prisons des documents, circulaires, enquêtes, articles sur la question?*

La section décide que ce questionnaire sera imprimé et transmis aux membres résidant à l'étranger pour un rapport d'ensemble être ultérieurement fait.

La séance a été levée à 10 heures et 1/2.

<table>
<tr><td>Le Président de la section de législation,<br>MERCIER,<br>Premier Président de la Cour de<br>cassation.</td><td>Le Secrétaire de la section,<br>E. PROUST,<br>Substitut au Tribunal de<br>la Seine.</td></tr>
</table>

---

## Séance du 19 novembre 1878

*Présidence de* M. le Premier Président MERCIER.

La séance est ouverte à 8 heures et 1/2.

Le procès-verbal de la séance précédente est lu et adopté.

M. le Président donne la parole à M. E. PROUST, substitut du procureur de la république, secrétaire de la section :

M. PROUST expose que, conformément à la décision prise dans la séance du 7 juin 1878, le questionnaire a été adressé aux membres résidant à l'étranger, qui ont répondu à l'appel qui leur était ainsi fait avec un zèle dont on ne saurait trop les remercier. Il donne ensuite lecture du questionnaire et analyse ainsi qu'il suit les réponses et les documents qui sont parvenus jusqu'à ce jour à la Société.

## *Allemagne*

Nous avons reçu trois réponses de l'empire d'Allemagne, l'une de M. le Dr Engel (Prusse), l'autre de M. Eckert (grand-duché de Bade) et une dernière de M. Holtzendorff (Bavière). Il en résulte que, dans ces divers États, les accusés ou prévenus atteints d'aliénation mentale et reconnus irresponsables par la sentence qui les acquitte, sont mis de suite en liberté, sauf l'intervention de l'autorité administrative, qui, dans les termes de droit commun, peut ordonner l'internement, dans un asile, des aliénés dangereux.

Lorsque l'accusé est traduit devant le jury, une question spéciale sur l'état mental doit lui être posée conformément à l'article 51 du Code de l'empire.

Les aliénés ayant commis un crime ou un délit, sont soumis au même régime que les autres aliénés ; il n'existe pas de règles spéciales pour leur sortie.

On ne critique pas sérieusement en Allemagne la loi sur la matière, ni les usages de l'Administration ; pourtant la Société médico-psychologique de Berlin demande une modification à l'article 51 du Code pénal de l'empire, et voudrait que le juge criminel pût envoyer *directement* l'aliéné reconnu irresponsable, dans un asile « pour un séjour fixé ou à la discrétion des médecins ».

## *Autriche*

En Autriche, les inculpés atteints d'aliénation mentale et reconnus irresponsables par la justice, sont mis à la disposition de la police, qui les enferme dans des asiles ou les remet à leur famille, suivant les cas. Il n'existe pas de maisons spéciales pour les aliénés criminels dangereux, qui sont traités de la même manière que les autres séquestrés.

Lorsque la question d'insanité est soulevée pour la première fois devant le jury, le président doit interroger spécialement les jurés sur le point de savoir, « si l'accusé au moment de l'action, était privé entièrement de sa raison, ou s'il a commis l'action dans un état d'aliénation mentale » (art. 319 C. d'Instr. crim.).

L'acquittement est la conséquence d'une réponse affirmative et l'aliéné est alors confié aux soins de l'Administration.

Si l'inculpé qui était sain d'esprit au moment de la perpétration de l'acte, donne des signes d'aliénation au cours de l'instruction, on le conduit dans un asile, où il reste à la disposition de la justice ; en cas de guérison l'information reprend son cours, mais si après un certain temps les médecins constatent que le malade est incurable, la procédure se termine par une ordonnance de clôture.

Les détenus frappés d'aliénation mentale après condamnation, sont transportés à l'infirmerie de la prison et presque toujours on les transfère ensuite dans une maison de santé, où ils reçoivent les soins que nécessite leur état.

Il n'existe pas dans les prisons de quartiers spéciaux pour les aliénés. Les médecins les visitent à l'infirmerie, mais en cas d'absolue nécessité, ils peuvent être conduits dans un asile pour y être examinés d'une manière plus suivie.

## Belgique

Aux termes de la loi du 18 juin 1850, article 12, et de la circulaire du 26 novembre 1851, lorsque un condamné ou un prévenu est atteint d'aliénation mentale constatée par les médecins, avis en est donné au ministère public, qui doit requérir la translation dans l'asile fixé par l'Administration. Il n'existe pas de législation spéciale pour les aliénés criminels, on les traite comme les autres aliénés réputés dangereux.

Si le séquestré est prévenu d'un crime ou d'un délit, il reste à la disposition de la justice s'il arrive à guérison. Si à l'expiration de la peine ou après abandon des poursuites le détenu est encore malade, l'Administration le conserve à l'asile.

En principe, l'autorité administrative est seule juge de l'opportunité des sorties ; pourtant le séquestré peut s'adresser au président du tribunal qui, après enquête, peut ordonner sa mise en liberté.

Les détenus attteints d'aliénation mentale après condamnation sont enfermés assez souvent dans des quartiers spéciaux.

En ce qui concerne les aliénés prévenus, accusés ou condamnés, les frais de séquestration sont supportés par l'État (*art. 27, de la loi du 28 décembre 1873*).

## Danemark

Les accusés ou prévenus, atteints d'aliénation mentale et reconnus irresponsables par la sentence qui les acquitte, ne sont pas rendus sur-le-champ à la liberté. Lorsque le tribunal estime que l'individu acquittté est dangereux pour la société, il ordonne « qu'il sera mis sous la garde de l'autorité administrative ». Mais les mesures prises peuvent être levées sans l'intervention du pouvoir judiciaire (art. 38 Code pénal), « lorsque, sur l'avis des médecins, elles ne seront plus jugées nécessaires *par l'Administration* ».

Dans un projet de loi qui est soumis à l'Assemblée légis'ative, l'on demande l'institution du jury, et, si l'article 338 du nouveau Code est adopté, les jurés pourront être appelés par une question supplémentaire, à se prononcer sur l'état mental de l'accusé.

Il n'existe pas d'asile spécial pour les aliénés criminels.

## Espagne

Jusqu'à ce jour, la Société des prisons n'a reçu qu'une réponse d'Espagne, c'est celle de M. Pierre Armengol y Cornet qui habite Barcelone. Elle est très-précise.

Au cours des instructions, les médecins nommés par justice examinent, s'il y a lieu, l'état mental des prévenus; l'irresponsabilité est déclarée par le tribunal et non par le juge d'instruction. — Le procureur du roi et l'avocat peuvent demander la déclaration d'irresponsabilité.

Le tribunal, suivant les cas, ordonne que le prévenu sera détenu dans un asile d'aliénés, ou qu'il sera rendu à sa famille si elle présente des garanties. Lorsque l'individu, déclaré irresponsable, a commis un crime grave, la réclusion dans une maison de santé est toujours ordonnée. — L'institution du jury n'existe pas.

La durée de la détention n'a d'autre limite que la guérison. — Les médecins ne sont pas seuls juges de la sortie, la partie civile et le ministère public peuvent s'y opposer; dans ce cas, le tribunal nomme des médecins, et, sur le rapport déposé par eux, il prend une décision sans que l'Administration puisse intervenir.

Notre correspondant ne s'explique pas sur l'hypothèse de la

folie se déclarant après la condamnation (1); mais il expose que si le prévenu présente des signes d'aliénation après le renvoi devant les tribunaux et avant le jugement, l'affaire retombe dans la période d'instruction afin de vérifier l'état mental.

Il n'existe pas dans les prisons de quartiers particuliers pour les détenus soumis à l'examen des médecins. — Il n'y a pas de maisons spéciales destinées aux aliénés criminels.

## Grande-Bretagne et Irlande

D'après les explications fournies par MM. Murray-Browne, Cave, William Tallack, Barwick Baker, et les documents officiels (2) adressés à la Société générale des prisons, la législation anglaise envisage la question des aliénés criminels sous deux aspects différents : ou l'auteur du crime n'était pas sain d'esprit au moment où il a commis l'acte, ou bien, étant sain d'esprit, il est devenu fou après sa condamnation.

Dans le premier cas, c'est le jury qui est appelé spécialement à décider si l'accusé n'était pas sain d'esprit lorsqu'il a commis le crime reproché; il le dit en ces termes : *Not guilty, being of unsound mind*; la loi donne alors au juge le droit d'ordonner que la personne acquittée sera séquestrée jusqu'à ce que le roi ait fait connaître son bon plaisir. Le secrétaire d'État de l'intérieur donne, dans cette circonstance, l'ordre de recevoir l'aliéné dans un asile, jusqu'à ce qu'il en ait été autrement ordonné (Statute 39 et 40 Geo. III, c. 94; — 3 et 4 Vict. c. 54, s. 3 et Act april 1867).

En fait, si le Ministre de l'intérieur reçoit soit des médecins, soit des *visiting justices*, soit des *commissioners in lunacy*, ou

---

(1) Voir pourtant lettre complémentaire de novembre 1878 aux pièces annexées.

(2, 1° Réponses au Questionnaire de M. Murray-Browne et lettres complémentaires; 2° réponses de M. B. Baker et lettres; 3° réponses de M. Cave; 4° réponses de l'Association Howard; 5° rapports 1877 et 1878 *of the Commissioners in lunacy*; 6° un rapport officiel sur l'asile de Broodmoor; 7° rapport de 1877 sur les asiles d'aliénés d'Irlande et notamment sur l'asile d'aliénés criminels de Dundrum; 8° un travail imprimé, publié par M. William Tallack; 9° une note imprimée de l'Association Howard; 10° divers textes.

Tous ces documents, ainsi que ceux transmis par nos autres correspondants, sont déposés au siége de la Société, à la disposition des membres qui auraient le désir d'en prendre connaissance.

àutres personnes, l'avis qu'un des séquestrés de la catégorie dont s'agit, est revenu à la raison, il le fait mettre en liberté ; pourtant si celui que l'on considère comme ayant recouvré la raison, avait commis un crime grave, tel qu'un meurtre, par exemple, le Ministre de l'intérieur (*even though they have recovered their right senses*), ordonne qu'il restera malgré cela enfermé toute sa vie.

Dans la seconde hypothèse, si le condamné qui était sain d'esprit au moment de la perpétration du crime, a perdu la raison postérieurement au jugement, le Ministre, sur le certificat de deux médecins, le fait conduire dans un asile (statute 27 et 28, Vict. c. 29, D. II). Toutefois lorsque le détenu, signalé comme étant devenu aliéné, est sous le coup d'un econdamnation à mort, pour qu'on ne puisse pas croire à une grâce indirecte, le certificat d'insanité doit alors être fourni par deux médecins spécialement désignés, à cet effet, par le Ministre de l'intérieur.

En cas de guérison attestée par deux médecins, le secrétaire d'État, qui pour toutes ces matières est le délégué du roi, ordonne que le détenu sera réintégré dans la prison où il doit être légalement incarcéré, si la durée de sa peine n'est pas expirée ; s'il a été condamné à mort, il peut être exécuté.

Si l'échéance de la peine arrive avant que l'aliéné ne soit guéri, sur l'attestation des médecins qu'il est inoffensif, on peut le mettre en liberté ; sinon il est envoyé à l'asile du comté pour y être traité comme les aliénés ordinaires. Lorsqu'on se trouve en présence d'un individu ayant commis un crime grave, le Ministre le fait détenir dans l'asile spécial de Broadmoor pour les aliénés criminels. Cette maison est entretenue aux frais de l'État, les détenus y sont traités à peu près de la même manière que dans les autres asiles (Statute 23 et 24, Vict. c. 75).

M. Barwick Baker examine, dans le travail qu'il nous a envoyé, le cas de l'insanité se produisant après le crime, mais avant le jugement ; l'inculpé est alors conduit dans un asile, mais s'il revient à la santé, il est réintégré à la prison, et le procès suit son cours.

Enfin, ces messieurs répondant aux diverses questions qui leur étaient posées, exposent que les aliénés criminels sont détenus dans des quartiers spéciaux, et que ces quartiers se trouvent comme les autres asiles inspectés par les *commissioners in lunacy*. Ce corps d'inspecteurs qui comprend des médecins et d'autres gentlemen nommés par le gouvernement, a les pouvoirs les plus étendus. Certains membres sont payés, d'autres agissent gratuitement, mais tous sont pour ainsi dire inamovibles, et ils interviennent toutes les fois qu'ils le jugent convenable (23 et 24. Vict. c. 75, s. 14 et statute 8 et 9 Vict. c. 100).

En ce qui concerne les individus jugés sommairement, c'est-à-dire qui ont commis des délits ne pouvant entraîner généralement plus de trois mois de prison, et qui par conséquent sont considérés comme n'étant pas très-dangereux, les jurisconsultes anglais estiment qu'en théorie la cour de police a les mêmes pouvoirs que le jury, et que l'inculpé reconnu aliéné pourrait être mis à la disposition du secrétaire d'État, pour être détenu dans un asile jusqu'à ce que le roi ait fait connaître son bon plaisir; mais, en pratique, on n'agit pas ainsi : l'inculpé déclaré irresponsable est envoyé par le juge dans un asile public de comté, ainsi qu'on le ferait pour un aliéné ordinaire; Broadmoor est réservé pour les grands criminels..

## *Hollande*

En Hollande, l'irresponsabilité de l'accusé ou du prévenu atteint d'aliénation mentale, est déclarée par la chambre du conseil du tribunal pendant la période d'instruction, par le tribunal correctionnel après renvoi devant lui, et, en cas d'appel, par la cour. — Le jury n'existe pas.

Il n'y a pas de loi spéciale en ce qui concerne les aliénés criminels, mais la loi générale sur le régime des aliénés (29 mai 1841) répond aux besoins.

D'après cette loi, lorsqu'il y a lieu de prendre des mesures vis-à-vis d'un aliéné, requête est présentée au président du tribunal, soit par les parents, soit par les amis, soit par le procureur du roi si l'ordre public est intéressé, et le ministère public est tenu, conformément aux circulaires, d'exercer son droit toutes les fois qu'il s'agit d'aliénés se trouvant en état de détention.

Lorsque le président ne croit pas devoir faire droit à la requête ou aux réquisitions tendant à séquestration, il constate son refus par écrit, et le tribunal est de suite saisi de la difficulté. L'ordre public étant ainsi assuré, le médecin de l'asile doit, dans les quatre semaines qui suivent la séquestration provisoire, fournir un rapport sur l'état du malade, et le tribunal, après avoir recueilli tous les renseignements utiles, autorise la séquestration pour un an ; à l'expiration de l'année, nouvel examen du tribunal, et, après une période de trois années, l'aliéné est considéré comme se trouvant en état permanent de démence.

Les aliénés criminels ou ordinaires ne peuvent donc être placés dans un asile sans l'intervention du tribunal, mais il n'en est pas de même pour la sortie, qui intervient sur l'ordre du directeur de l'asile lorsque le médecin a déclaré que le séquestré est « suffisamment guéri », (art. 23). Les ordonnances relatives au placement d'un aliéné dans un asile, ne sont considérées que comme autorisant le placement ; la sortie a lieu sans intervention du pouvoir judiciaire.

Pourtant, article, 26 : Lorsque, sur une demande de sortie, le médecin de l'asile déclare que cette sortie ne peut avoir lieu sans danger pour l'ordre public.., avis en est donné au ministère public près le tribunal qui a accordé l'autorisation de placement, et, sur ses réquisitions, le tribunal peut ordonner que la sortie n'aura pas lieu tant que le danger ou la crainte subsistera.

Le tribunal intervient ainsi au cas de séquestration prolongée pour couvrir en quelque sorte la responsabilité du médecin.

Aux termes de l'article 452 du Code néerlandais, lorsqu'un individu, après avoir commis un fait punissable, aura été atteint d'aliénation mentale, et lorsque cet état aura été constaté par le juge qui doit connaître de la cause, il sera sursis à l'action publique, jusqu'au rétablissement du prévenu ou accusé.

Conformément à une circulaire du Ministre de la justice du 24 juillet 1865, « la peine d'emprisonnement dès qu'elle a reçu un commencement d'exécution, n'est pas interrompue par la maladie mentale du détenu ; la durée en court, même pendant le temps de l'aliénation mentale ».

D'après un traité passé avec l'État, l'asile de Bosmalen (Brabant) s'est obligé à recevoir les *détenus* atteints d'aliénation mentale, et, par le fait, il existe ainsi une maison spéciale pour les aliénés criminels.

## Croatie et Hongrie

D'après les renseignements transmis à la Société, en Hongrie et en Croatie les aliénés criminels prévenus ou condamnés, sont internés lorsqu'ils sont dangereux. Il n'existe pas d'asiles spéciaux.

Il n'y a pas de jugements par jurés.

Si, au cours des instructions, des doutes s'élèvent sur l'état mental, l'inculpé est transféré soit à l'infirmerie de la prison, soit à l'hôpital, pour être examiné par deux médecins.

L'irresponsabilité de l'inculpé est déclarée par le tribunal, mais l'Administration seule, sur le vu des pièces, fait détenir dans un asile et ordonne la mise en liberté lors de la guérison.

## Portugal

M. Midosi, avocat à Lisbonne, nous fait connaître qu'en Portugal, les inculpés et les prévenus donnant des signes d'aliénation mentale, ainsi que les interdits judiciairement, ne peuvent être séquestrés que sur l'ordre de l'autorité judiciaire.

Ces aliénés ne sont pas soumis à un régime spécial; pourtant à leur sortie de l'asile, qui est généralement ordonnée par l'Administration, ils peuvent être placés sous la surveillance de la police.

Il n'existe pas de quartiers spéciaux pour les aliénés criminels; les médecins semblent être, en définitive, les seuls juges de l'opportunité des sorties.

## Russie

Il résulte des renseignements fournis par M. Grot que, d'après les lois russes, les accusés et prévenus atteints d'aliénation mentale, ne peuvent être déchargés par une simple ordonnance du juge d'instruction; c'est au tribunal d'arrondissement ou à la chambre criminelle de la Cour d'appel qu'il appartient, suivant la gravité de la prévention, de déclarer s'il y a lieu ou non à renvoi devant la juridiction répressive (art 356 C. d'Instr. crim.).

En cas d'irresponsabilité reconnue, la cour doit toujours renvoyer *pour deux ans*, dans un asile d'aliénés, les individus qui étaient accusés d'assassinat, de meurtre, d'incendie et de tentative de suicide. Ces deux ans écoulés, si le séquestré est guéri, il est mis en liberté. Ce délai peut être abrégé s'il y a lieu, par l'autorité judiciaire, lorsque la séquestration paraît être devenue inutile.

En dehors de ces quelques cas de séquestration obligatoire, la loi (art. 95, 96 et 97), fait des distinctions suivant que l'inculpé ou accusé est en état d'idiotisme, de fureur ou de décrépitude. L'individu privé de sa raison peut alors, en exécution du jugement qui doit s'expliquer à cet égard, être rendu aux parents, enfermé dans un asile de bienfaisance publique, ou séquestré *jusqu'à parfaite guérison*. Le délai d'épreuve est généralement de deux ans.

Ces instructions sur l'état mental ont lieu à huis-clos; les magistrats doivent s'adjoindre des médecins qui délibèrent avec eux.

Si la question d'insanité du prévenu ou accusé se pose pour la première fois au moment du jugement, le tribunal nomme des experts, s'entoure de tous renseignements utiles; mais, dans ce cas, les résultats de l'information sont rapportés en audience publique.

Lorsque l'accusé a été renvoyé devant le jury, si la question de responsabilité est soulevée, la cour doit, à peine de nullité, interroger le jury par une question spéciale sur l'état de démence (754 C. d'Instr. crim). Le jury, dans sa réponse, est tenu de spécifier la forme générique de la maladie, folie, fureur, décrépitude mentale, somnambulisme, etc.

En définitive, en Russie, la séquestration des aliénés criminels est ordonnée par l'autorité judiciaire; les documents qui nous ont été transmis n'indiquent pas d'une manière catégorique quel est le mode de sortie des asiles, mais il paraît résulter de l'ensemble des explications fournies que l'autorité judiciaire est seule juge de l'opportunité de la mise en liberté des individus séquestrés par son ordre.

Il n'existe pas d'asiles spéciaux pour les aliénés criminels. Les expertises médico-légales peuvent se faire dans les prisons, mais le plus souvent elles ont lieu dans les maisons de santé ou les asiles; il n'y a pas à cet égard de règle absolue.

Nous n'avons aucun renseignement sur le mode de traitement des individus qui deviennent aliénés postérieurement à la condamnation.

## Suède

En Suède, l'autorité judiciaire statue sur l'irresponsabilité des aliénés criminels. La question d'aliénation n'est pas soumise spécialement au jury.

L'Administration a ensuite tous les pouvoirs; c'est elle qui fait détenir si elle le juge nécessaire et qui ordonne seule la mise en liberté.

Il n'y a pas encore d'asiles spéciaux ; on en sollicite l'établissement.

## Suisse

D'après les documents qui nous sont adressés, il n'existe pas en Suisse, de législation spéciale sur les aliénés criminels. Dans chacun des cantons, la situation des aliénés peu nombreux de cette catégorie, est examinée par le gouvernement local au fur et à mesure des cas qui se produisent et des mesures sont prises dans l'intérêt de l'ordre public.

En terminant l'analyse des réponses reçues par la Société des prisons, M. Proust fait connaître que sur les indications de M. le D<sup>r</sup> Wines, M. le secrétaire général vient d'envoyer des exemplaires du questionnaire, traduit en anglais, à un certain nombre de membres de la Société qui habitent les divers États de l'Union américaine, et qu'il sera rendu compte ultérieurement des travaux qui seront adressés. La section recevra en même temps, communication des réponses qui nous parviendront ultérieurement de l'Italie.

Après avoir ainsi examiné les documents transmis par les membres de la Société résidant à l'étranger, M. le Secrétaire-Rapporteur signale à la section, en les résumant très-rapidement, des brochures et des articles publiés en France sur la question des aliénés, et plus particulière sur les aliénés criminels.

Ainsi : 1° une série d'articles de M. Tanon, aujourd'hui substitut à la Cour de Paris, insérés en 1867 dans la *Revue pratique du droit français;*

2° Des articles sur le service des aliénés, publiés au *Journal officiel* dans les numéros des 21, 26 du mois d'août 1878. . . .

3° Une étude médicio-psychologique et légale publiée en 1869, par M. A. Brierre de Boismont sur les fous criminels en Angleterre:

4° Une brochure (année 1874) de M. V. de Harambure, intitulée *De l'aliénation mentale dans ses rapports avec la loi pénale et le régime pénitentiaire.*

Enfin M. le Secrétaire rapporteur attire tout spécialement l'attention de la section de législation, sur le compte rendu des discussions qui ont eu lieu en 1876 et 1877 à la Société de médecine légale de France, au sujet de la question des aliénés criminels (librairie Baillieu et fils, 1878), et aussi sur une enquête très-approfondie à laquelle la Société de législation comparée s'est livrée en 1872; les procès-verbaux de cette enquête ont été publiés en même temps qu'une remarquable étude de M. le conseiller Ernest Bertrand sur les diverses législations qui régissent les aliénés (Cotillon et fils 1872).

Revenant à chacun de ces deux derniers ouvrages, M Proust donne lecture du vœu émis par la Société de médecine légale et qui est ainsi conçu :

« La Société de médecine légale de France,

» Considérant en principe que la société n'est pas suffisamment garantie contre les actes criminels ou délictueux commis par les aliénés qui sont l'objet d'une ordonnance de non-lieu ou d'un acquittement ;

» Émet le vœu que les pouvoirs aujourd'hui confiés par la loi à l'Administration, en cette matière, soient transférés aux corps judiciaires... »

Lecture est également faite d'une portion du rapport dans lequel M. Demange, avocat à la Cour d'appel, développe devant la Société de médecine légale, les motifs qui doivent, d'après lui, la décider à adopter le principe de la translation à l'autorité judiciaire, des pouvoirs appartenant à l'autorité administrative (p. 67 de la brochure).

Ensuite M. Proust jette un coup d'œil sur le compte rendu des séances de la Société de médecine légale, et lit un passage des observations présentées par M. le Dr Lunier dans lequel l'orateur expose que « depuis la promulgation de la loi de 1866 et plus encore depuis celle de 1871, la dépense des aliénés a cessé d'être obligatoire, que le nombre des aliénés à entretenir est fixé désormais par les conseils généraux et que, pour que la proposition de MM. Hémar et Motet pût donner des résultats satisfaisants, il faudrait d'abord que les dispositious des lois de 1866 et 1871 relatives aux aliénés fussent rapportées, ou, mieux encore, que l'État prît à sa charge l'entretien de tous les aliénés séquestrés sur la demande du parquet ».

Arrivant maintenant à l'enquête de la Société de législation comparée, qui s'est terminée par l'adoption d'un projet de loi sur les aliénés, M. le Secrétaire donne lecture de l'article 44 de ce projet qui vise spécialement les aliénés criminels; il est ainsi conçu :

« Toutes les fois que l'état de démence d'un individu inculpé d'un fait qualifié crime ou délit par la loi, aura motivé en sa faveur soit une ordonnance de non-lieu, soit un jugement ou un arrêt d'acquittement, les pièces de la procédure seront transmises sans retard à la chambre d'accusation, laquelle pourra ordonner que cet individu sera conduit dans un des asiles ou quartiers spéciaux énoncés en l'article précédent.

» En cas d'arrêt de non-lieu, il pourra être statué de même par la chambre d'accusation.

» Lorsque dans un débat criminel, il se sera élevé un doute sur l'état mental d'un accusé, le président avertira le jury que s'il pense, à la majorité, que l'accusé reconnu coupable était en état de démence au temps de l'action, il doit en faire la déclaration en ces termes : — A la majorité, l'accusé N était en état de démence.

» Dans ce cas, la cour prononcera l'acquittement de l'accusé, et pourra ordonner qu'il sera conduit dans un des asiles ou quartiers spéciaux énoncés en l'article précédent.

» La sortie d'un aliéné ainsi placé ne pourra avoir lieu qu'après une décision de la chambre d'accusation, qui devra toujours commettre préalablement un ou plusieurs médecins pour procéder à l'examen de l'état mental. »

Après cette lecture, M. Proust résume, en peu de mots, ce qui a trait dans l'enquête à la question des aliénés criminels, et s'attache spécialement à faire connaître l'institution anglaise des *commissioners in lunacy*; il expose, en suivant l'étude de M. le conseiller Bertrand (p. 26, 27, 28 et 29), que les *commissioners* sont investis en Angleterre des pouvoirs les plus étendus, qu'ils surveillent les asiles, et qu'ils sont appelés par la loi à statuer dans bien des circonstances sur la mise en liberté des aliénés devenus calmes et sur les mesures à prendre vis-à-vis de ceux des séquestrés que les médecins considèrent comme dangereux, quoique momentanément guéris. Enfin, en terminant il émet l'avis que si la section de législation, arrêtée par des obstacles théoriques et pratiques qui ne sont pas sans gravité, ne voulait pas aller jusqu'à la réforme radicale qui consiste à transférer au pouvoir judiciaire les attributions de l'autorité administrative, elle pourrait, peut-être, trouver une solution à la question des aliénés criminels, en proposant de rendre obligatoire, pour les départements d'origine, la dépense des aliénés séquestrés et en préconisant l'institution de commissions spéciales qui seraient composées de magistrats, d'administrateurs, de médecins et qui seraient appelées à se prononcer tant sur la séquestration que sur la mise en liberté des aliénés criminels.

M. le Président donne alors la parole à M. le Dr Motet pour rendre compte des travaux du congrès de médecine mentale qui s'est réuni à Paris dans le courant du mois d'août 1878, ainsi que cela avait été annoncé à la Section de la législation, le 7 juin.

Les aliénés criminels constituent une classe spéciale d'aliénés dangereux, et, en l'état actuel de la législation, les médecins, après une période de calme prolongée, se trouvent pour ainsi dire dans l'obligation de laisser mettre en liberté ces aliénés, malgré les chances de rechute qui sont d'autant plus probables que l'aliéné considéré comme guéri va être appelé à reprendre ses anciennes habitudes. — Le Congrès a pensé qu'il y avait là un danger sérieux, contre lequel la société devrait être mise en mesure de se défendre.

Arrivant aux voies et moyens, le Congrès a estimé que les tribunaux étaient complétement dessaisis lorsque la sentence avait été rendue, que les mesures à prendre ensuite constituaient des actes d'administration, et qu'il n'y avait pas lieu de transférer aux corps judiciaires les pouvoirs aujourd'hui confiés en cette matière, à l'autorité administrative : enfin, à la suite d'une discussion qui s'est prolongée pendant plusieurs séances, le congrès international de médecine mentale a, sur la proposition de M. le conseiller Barbier, émis à la presque unanimité des membres présents, le vœu suivant :

.2 « Dans tous les cas où un individu poursuivi pour crime ou délit aura été relaxé ou acquitté, comme irresponsable de l'acte imputé, à raison de son état mental, il sera interné dans un établissement d'aliénés, par mesure administrative.

» Si cependant sa sortie est demandée pour cause de guérison, avant que cette sortie soit ordonnée, il devra être examiné si cet individu n'est pas légitimement suspect de rechute.

» Cet examen sera fait par une commission mixte, composée : 1° du médecin au service duquel appartient l'individu dont il s'agit ; 2° du Préfet du département ou de son délégué ; 3° du procureur général du ressort ou de son délégué. La commission pourra faire appel, si elle le juge nécessaire, au concours et aux lumières spéciales de tous autres médecins aliénistes.

» Si la commission juge que l'individu n'est pas suspect de rechute, la sortie sera ordonnée.

» Dans le cas contraire, il sera sursis de droit à la sortie.

« L'effet de ce sursis ne pourra se prolonger au delà d'une année. A l'expiration de chaque année, l'individu dont il s'agit qui aura été l'objet, pendant le temps intermédiaire, d'une observation spéciale, sera soumis à un nouvel examen de la commission mixte qui statuera comme il est dit ci-dessus.

» Ces dispositions sont applicables à tout individu interné par mesure administrative à la suite d'une décision judiciaire intervenue sur des poursuites pour crime ou délit, à quelque époque que la sortie soit demandée et quelle que soit la durée de l'internement.

» Elles sont également applicables à la demande de sortie d'un individu condamné pour crime ou délit et reconnu ultérieurement en état d'aliénation mentale. »

Enfin le Congrès émet le vœu « que des asiles ou quartiers spéciaux soient affectés à l'internement des individus condamnés ou poursuivis par la justice répressive ».

Après ces diverses communications, M. LE PRÉSIDENT propose à la section de remettre la discussion à une autre séance, de faire autographier les résumés présentés par M. le Secrétaire Rapporteur, et de les distribuer aux membres de la section avant la prochaine réunion.

M. FERNAND DESPORTES, *Secrétaire général*, offre alors de procéder pour l'enquête sur les aliénés criminels, ainsi que cela a eu lieu pour les enquêtes sur la récidive et sur le patronage des libérés, et de faire imprimer avec les procès-verbaux des séances de la section, les pièces originales qui y sont annexées.

Il est alors décidé que la section sera convoquée lorsque le travail dont il vient d'être parlé sera terminé.

La séance est levée à 10 heures 3/4.

<table>
<tr><td>Le Président de la section,</td><td>Le Secrétaire,</td></tr>
<tr><td>MERCIER,</td><td>E. PROUST,</td></tr>
<tr><td>Premier Président de la Cour<br>de cassation.</td><td>Substitut au Tribunal<br>de la Seine.</td></tr>
</table>

## II

# RÉPONSES AU QUESTIONNAIRE.

*Allemagne*

### A

**RÉPONSE DE M. LE D<sup>r</sup> ENGEL, DIRECTEUR DU BUREAU ROYAL DE LA STATISTIQUE EN PRUSSE.**

En réponse à votre lettre du mois de juin, qui m'est parvenue le 24 de ce mois, je m'empresse de vous informer qu'en Prusse et dans le territoire de l'empire d'Allemagne, on n'a point eu, jusqu'à présent, l'occasion d'examiner la question de savoir s'il y avait lieu de réglementer par des lois spéciales la procédure criminelle contre les individus atteints d'une maladie mentale au cours de l'information judiciaire.

Aux termes de l'article 51 du Code pénal pour la Confédération de l'Allemagne du Nord, du 15 mai 1871, « il n'y a pas acte punissable lorsqu'*au moment où l'action a été commise*, l'auteur se trouvait dans un état d'inconscience ou de trouble maladif de l'intelligence, qui excluait le libre exercice de sa volonté ».

Cette question est tranchée par l'opinion qu'expriment les médecins appelés comme experts.

Que si, au contraire, le trouble intellectuel ne se produit qu'après que l'action punissable a été commise, cette circonstance est sans influence sur la procédure criminelle; mais l'individu qui en est atteint n'est maintenu dans l'établissement pénitentiaire ou prison que jusqu'au moment où il peut être transféré dans un établissement d'aliénés, pour y être traité et guéri. Cette mesure doit toutefois être précédée, en Prusse, d'une décision *judiciaire* constatant l'état de folie ou d'imbécillité, rendue conformément aux dispositions du titre 38 de la I<sup>re</sup> partie de la loi générale d'organisation judiciaire, et des articles 13 et suivants du titre 18 de la II<sup>e</sup> partie du Code civil (*Landrecht*) général. La demande relative à cet objet doit émaner du directeur de l'établissement pénitentiaire, et de l'autorité judiciaire pour les prisons placées sous son administration.

Le traitement médical dans les établissements d'aliénés est confié exclusivement aux médecins de ces établissements. Les individus atteints de fureur, de démence ou d'imbécillité sont replacés dans leur état antérieur, et la tutelle à laquelle ils étaient soumis doit cesser, lorsqu'ils ont recouvré l'usage entièrement libre de leurs facultés intellectuelles (Droit civil général, II<sup>e</sup> partie, titre 18, art. 815) ; mais il faut, à cet effet, un nouvel examen médical et *une décision judiciaire*.

L'admission dans un établissement d'aliénés ne fait point disparaître la peine prononcée judiciairement contre l'individu admis ; elle devra être subie après la guérison obtenue.

Je me permettrai, en terminant, de signaler dans la bibliothèque relative à cet objet, divers ouvrages qui traitent plus ou moins de la question, et qu'il pourrait être intéressant pour vous de connaître.

*(Traduit de l'allemand.)*

## B

RÉPONSE DE M. D'HOLTZENDORFF, PROFESSEUR A L'UNIVERSITÉ DE MUNICH.

1° et 2° (1) En Bavière, les accusés ou prévenus atteints d'aliénation mentale et reconnus irresponsables par la sentence judiciaire qui les acquitte, sont mis en liberté par le juge. — Aucun régime spécial après l'acquittement.

3° L'irresponsabilité est déclarée sous cette forme « non coupable ». La question spéciale qui peut être soumise au jury doit être formulée, d'après l'article 51 du Code pénal allemand, lequel est ainsi conçu : « Il n'y a aucun délit (ou crime) si à l'époque où l'action fut commise, l'agent se trouvait dans un état d'insensibilité ou de maladie mentale qui excluait sa volonté. »

4° L'autorité judiciaire, d'après le Code pénal, n'ordonne jamais

_______________

(1) *Ces chiffres, dans cette réponse et dans les suivantes, se rapportent aux questions du questionnaire.*

le placement dans un asile. L'autorité administrative intervient pour les aliénés reconnus dangereux.

5° Il n'y a pas de durée minimum pour la détention dans les asiles.

6° Les visites et les inspections des asiles sont réglées par l'Administration de chacun des pays confédérés. Il n'y a pas de loi impériale pour l'Allemagne sur cette matière. Il n'en existe pas davantage en Prusse.

7°, 8° et 9° La sortie des aliénés ayant commis un crime ou un délit n'est pas soumise à des règles spéciales. — Les médecins sont seuls juges de l'opportunité des mesures à prendre. Le pouvoir judiciaire n'exerce aucun droit d'examen.

10° Dans l'empire d'Allemagne, il n'existe pas de disposition de loi sur la matière; pour la plupart des États, ce sont des arrêtés ministériels qui règlent l'administration des maisons d'aliénés.

11° On ne critique pas sérieusement en Allemagne la manière de faire de l'Administration; pourtant la Société médico-psychologique de Berlin dont je suis associé étranger, a demandé la modification de l'article 51 du Code pénal, et aurait voulu que le juge criminel ait le pouvoir de faire conduire dans des maisons d'aliénés pour un séjour fixe ou à la discrétion des médecins, les personnes acquittées pour cause de maladie mentale.

12° Les inculpés dont les facultés mentales paraissent altérées, sont soumis, au cours de l'instruction, aux expertises médico-légales, conformément à l'article 81 du Code d'instruction criminelle (pour l'Allemagne), lequel est ainsi conçu : « Pour préparer l'expertise sur l'état mental de l'inculpé, la cour, sur la conclusion d'un expert et après avoir entendu le défenseur, peut ordonner (pendant l'instruction préparatoire), que l'inculpé soit transporté dans une maison publique d'aliénés pour y être observé.

« A l'inculpé dépourvu de défenseur, il en sera désigné un d'office.

» La durée de la détention à l'asile ne dépassera pas six semaines. »

13° Il n'existe pas d'asile spécial pour les détenus atteints d'aliénation postérieurement à leur condamnation. Ils sont soignés à l'infirmerie de la prison, dans les cas désespérés; si les condamnés ne sont pas dangereux, on les gracie et on les rend aux familles.

C

placement dans un asile. J'ancienne administration intervient

**RÉPONSE DE M. ECKERT, DIRECTEUR DU PÉNITENCIER DE BRUCHSAL.**

1° et 2° Dans le grand-duché de Bade, les accusés ou prévenus atteints d'aliénation mentale et reconnus irresponsables par la sentence judiciaire qui les acquitte, sont mis en liberté.

3° L'irresponsabilité de l'accusé ou du prévenu atteint d'aliénation mentale est déclarée par la Cour compétente. Une question spéciale peut être soumise au jury, conformément à l'article 51 du Code de l'empire.

— Il ne pouvait être répondu aux questions n° 4 et suivantes. —

12° Les inculpés dont les facultés mentales paraissent altérées, sont soumis, au cours de l'instruction, aux expertises médico-légales, dans l'intérieur des prisons; mais s'il est nécessaire, l'expertise peut avoir lieu dans les asiles.

13° Les détenus atteints d'aliénation mentale postérieurement à leur condamnation, sont conduits à l'infirmerie de la prison; c'est alors comme un asile spécial.

## *Autriche.*

**RÉPONSE DE S. E. M. GLASER, MINISTRE DE LA JUSTICE.**

1° Toutes les personnes détenues pendant l'instruction, ainsi que les accusés détenus qui ont été reconnus être aliénés et déclarés ensuite irresponsables par décision judiciaire, sont remis à la police.

C'est la police qui décide si ces personnes doivent être rendues à leurs familles, ou laissées entre les mains d'autres particuliers, ou si elles seront transportées dans un établissement public.

Cette dernière mesure doit être prise si ces aliénés sont dangereux pour la société (gemeinschädlich).

2° Les aliénés ne sont pas transportés dans un asile spécial pour des aliénés criminels, parce que ces asiles spéciaux n'existent pas en Autriche.

Le traitement des aliénés criminels ne diffère en rien du traitement des autres aliénés dans les maisons de santé.

3° Si, pendant l'enquête préliminaire (Vorerhebung) ou pendant l'instruction (förmliche Voruntersuchung), il est constaté, conformément à l'article 134 du Code d'instruction criminelle, par deux médecins commis à cet effet, que le soupçonné (Verdachtige) ou le prévenu n'avait pas la raison, lorsqu'il a commis l'action coupable, ou, si c'est un aliéné ayant des intervalles lucides, qu'il a commis l'action pendant son aliénation, le juge d'instruction, sur la requête du ministère public rend une ordonnance de non-lieu. (§§ 90 et 112 C. d'Instr. crim.)

Mais si le ministère public requiert l'instruction alors que le juge d'instruction, ayant des doutes sur la responsabilité du prévenu ne pense pas devoir instruire, c'est la chambre du conseil, qui décide s'il doit y avoir une ordonnance de non-lieu. (Art. 92.)

Si l'aliénation est constatée seulement après que le ministère public a présenté l'acte d'accusation et que le ministère public abandonne l'accusation, c'est également la chambre du conseil qui rend l'ordonnance de non-lieu (§ 227). Le tribunal peut aussi ordonner un non-lieu, sans que l'accusation le demande, ou il peut rejeter l'acte d'accusation, s'il admet que l'irresponsabilité est établie (§ 109, al. 2 et § 213 N° 3 C. d'Instr. crim.). Enfin si, après le commencement des débats (Hauptverhandlung), l'accusateur abandonne l'accusation parce que l'irresponsabilité de l'accusé est constatée, ou si le tribunal reconnait qui l'accusé a commis l'action coupable dans un état qui lui a enlevé sa responsabilité, le tribunal prononcera son acquittement (§ 259 C. d'Instr. crim.).

Si, dans les débats devant les assises, on a soulevé la prétention que l'accusé, au moment où il a commis l'action, souffrait d'un dérangement mental, le président doit poser aux jurés, en dehors de la question sur la culpabilité, la question de savoir :

« Si l'accusé au moment de l'action était privé entièrement de sa raison, »

Ou, « s'il a commis l'action dans un état d'aliénation mentale. » (§ 319, C. Instr. crim.)

Si les jurés répondent : « Oui » à une question pareille (et il suffit pour cela la simple majorité, § 329), la Cour doit acquitter l'accusé (§ 337).

Il en est autrement dans le cas, où le prévenu ou l'accusé dont la responsabilité au moment de l'action coupable ne fait pas de doute, est atteint d'une aliénation mentale pendant l'instruction. Dans un cas pareil, l'instruction est arrêtée jusqu'au rétablissement de l'aliéné et ce dernier, — s'il est détenu, — est remis par le tribunal soit à une maison de santé, soit, selon les circonstances, entre les mains de sa famille, le tout en en avertissant la police.

Si, dans la suite, il est constaté que la maladie du prévenu ou de l'accusé est incurable, il y a ordonnance de non-lieu sur la requête de l'accusateur (§§ 90, 112 ou 227, C. Instr. crim.)

4°, 5° et 6° Il n'y a pas lieu à réponse, puisqu'en Autriche, il n'y a pas d'asiles spéciaux pour les aliénés criminels.

Les prévenus et les accusés aliénés sont transférés (comme il est dit plus haut), dans les établissements publics soit par la police, soit par les tribunaux.

Une durée minima n'est pas fixée par la loi pour le séjour dans ces établissements publics.

La surveillance de ces établissements appartient à l'État.

7° Il n'y a pas de formalités judiciaires pour renvoyer les aliénés criminels des maisons de santé, si l'instruction contre ces derniers est terminée soit par une ordonnance de non-lieu, soit par un jugement d'acquittement; mais, si l'instruction n'est pas terminée, ces aliénés doivent être rendus au tribunal qui avait ordonné leur transfert dans une maison de santé, ou le tribunal en question doit être immédiatement averti de leur renvoi.

8° Pour renvoyer un criminel aliéné de la maison de santé où il se trouve, il faut une décision des médecins constatant ou qu'il est rétabli ou qu'il doit être regardé comme incurable, mais non dangereux pour la Société; sur quoi le tribunal délibère sur son renvoi, dans le cas où l'instruction ne serait pas encore terminée.

En tant que les tribunaux basent leur décision pour le renvoi sur l'avis des médecins, il n'est pas à nier que ces derniers sont appelés à prononcer le mot décisif sur le sort des aliénés en question et sur leur renvoi des maisons de santé.

Dans le cas où l'instruction est terminée, il va sans dire que l'aliéné déclaré rétabli est traité comme toute autre personne enfermée jusqu'alors dans la maison comme aliéné.

9° La révision de l'avis des médecins n'est pas possible par les tribunaux ni par la police, en ce qui touche les questions techniques de cet avis. Mais il leur est permis de procéder à d'autres renseignements et de demander au besoin l'avis d'autres médecins experts, pour arriver à une décision sur la question du renvoi, s'ils ont des scrupules sérieux à propos du premier avis.

10° Une loi spéciale sur le traitement des aliénés criminels n'existe pas en Autriche.

11° La manière de procéder ci-dessus expliquée à l'égard des aliénés criminels n'a pas prêté à critique jusqu'ici ; seulement, dans le cercle des médecins psychiatres, quelques voix se sont fait jour pour recommander l'établissement de maisons spéciales d'aliénés criminels.

12° Les prévenus détenus dont la raison paraît être dérangée, sont ordinairement examinés par les médecins dans les maisons de détention mêmes ; seulement, dans le cas où cet examen n'y est pas possible sans nuire à la sûreté de la détention, le détenu en question est transféré dans une maison de santé pour y être examiné.

13° Les personnes qui, après leur condamnation définitive, sont frappées d'une aliénation mentale, sont, en règle générale, transférées dans une maison de santé ; mais il n'y a ni maisons spéciales pour les aliénés condamnés, ni divisions spéciales pour les aliénés dans les hôpitaux des maisons de détention.

14° Ci-joint le n° 3 de la *Revue centrale pour psychiastrie* contenant le compte rendu du Congrès, des médecins aliénistes tenu à Vienne du 25 au 27 juillet 1878 sur la question relative à l'établissement de maisons spéciales pour aliénés criminels.

D'autres documents sur cette question ne sont pas à notre disposition.

(*Traduit de l'allemand.*)

# *Belgique.*

## A

RÉPONSES DE M. JANSEN, MEMBRE DE LA CHAMBRE DES REPRÉSENTANTS, AVOCAT A LA COUR D'APPEL DE BRUXELLES, COMMUNIQUÉES PAR M. LE DOCTEUR BOENS.

1° et 2° En Belgique les accusés ou prévenus atteints d'aliénation mentale et reconnus irresponsables par la sentence judiciaire qui les acquitte ne sont pas mis sur-le-champ en liberté. Quand l'aliénation a été constatée par déclaration du médecin, les individus de cette catégorie sont séquestrés en exécution d'une réquisition d'un officier du ministère public. Ils sont soumis au même régime que les autres aliénés.

3° L'irresponsabilité de l'accusé ou du prévenu atteint d'aliénation mentale, est reconnue par les médecins. L'individu reconnu aliéné ne peut être poursuivi devant le jury. Si, avant la comparution devant le jury, l'aliénation mentale n'a pas été dûment constatée, la défense peut néanmoins soutenir qu'au moment du fait imputé à l'accusé, celui-ci était atteint de démence. Aucune question spéciale n'est posé au jury. S'il partage la manière de voir de la défense, il doit répondre non, à la question de savoir si l'accusé est coupable.

4° Voir n° 1, en ce qui touche l'autorité qui ordonne le placement dans l'asile.

5° La durée minimum du séjour dans l'asile n'est pas fixée, elle est subordonnée à la guérison de l'aliéné et se prolonge jusqu'alors.

6° Les asiles sont soumis : 1° aux visites périodiques de l'inspecteur général et des Comités permanents d'inspection ; 2° du bourgmestre de la commune, du procureur du roi, du gouverneur de la province ou de son délégué.

8° Les médecins sont seuls juges de l'opportunité des sorties, toutefois, aux termes de la loi, toute personne retenue dans un asile d'aliénés ou toute autre personne peut, à quelque époque que ce soit, se pourvoir devant le président du tribunal du lieu de la situation de l'établissement qui, après les vérifications nécessaires, ordonne, s'il y a lieu, la sortie immédiate.

10° La matière est réglée par l'article 17, loi du 28 décembre 1873 — 25 janvier 1874.

11° La loi du 18 juin 1850 qui avait donné lieu à des critiques, a été modifiée par celle du 28 décembre 1873 — 25 janvier 1874. Cette dernière loi fonctionne très-régulièrement et n'a jusqu'ici soulevé aucune réclamation.

12° Les inculpés dont les facultés mentales paraissent altérées ne sont transférés que dans un asile que lorsque l'état mental est dûment constaté.

13° Les détenus atteints d'aliénation mentale postérieurement à leur condamnation, sont placés dans un quartier spécial et dans des asiles appartenant à l'Etat.

14° Je joins au présent un exemplaire du dernier rapport sur la situation des asiles belges d'aliénés.

B

RÉPONSE DE M. STEVENS

Saint-Hubert, 1er juillet 1878.

1° et 2° En Belgique, les accusés ou prévenus atteints d'aliénation mentale et reconnus irresponsables par la sentence judiciaire qui les acquitte, sont mis de suite en liberté ; ils ne sont soumis à aucun régime spécial. J'ai vu, il y a une vingtaine d'années, un individu qui avait tué sa femme, acquitté par la Cour d'assises devant laquelle les médecins avaient plaidé l'aliénation mentale, et mis en liberté sur-le-champ.

3° à 13° Il n'y a pas de disposition de loi sur cette matière spéciale. (Voir ci-après la circulaire du 26 novembre 1851.)

14° Les détenus atteints d'aliénation mentale postérieurement à leur condamnation, sont envoyés dans un établissement d'aliénés. — Il n'y a pas d'asile spécialement et exclusivement affecté aux détenus.

PIÈCES JOINTES A LA RÉPONSE DE M. STEVENS

*Circulaire du 26 novembre 1851.*

**A MM.** les gouverneurs des provinces, les procureurs généraux près les Cours d'appel et les procureurs du roi près les Tribunaux de première instance.

L'article 45 de l'arrêté du 21 octobre 1822 (*Recueil des circulaires*, p. 17), et la circulaire du 7 décembre 1834 (*id.*, p. 146), indiquent certaines mesures à prendre à l'égard des détenus atteints d'aliénation mentale.

Pour compléter ces mesures, en assurer l'exécution d'une manière uniforme et prompte, et pour les mettre enfin en harmonie avec la loi du 18 juin 1850, j'ai jugé utile de résumer les instructions sur la matière dans les points suivants :

1° Lorsqu'un détenu présentera des symptômes d'aliénation, il sera mis immédiatement en état d'observation et, autant que possible, isolé des autres détenus.

2° Un médecin désigné par la Commission administrative de l'établissement sera chargé, de concert avec le médecin de la prison, d'examiner l'état du détenu, et, à la suite de cet examen, de

3

faire un rapport à la Commission et de lui soumettre telles propositions qui seront jugées convenables.

3° Lorsque l'état d'aliénation aura été constaté, le directeur ou gardien en chef de la prison, autorisé à cet effet par la Commission, en donnera avis à l'officier du ministère public compétent, qui requerra la translation immédiate du détenu aliéné dans la maison de santé désignée par l'administration supérieure (art. 12 de la loi du 18 juin 1850, *Moniteur* 1850, n° 172 et art. 40 du règlement organique du 1ᵉʳ mai 1851, *Recueil des circulaires*, p. 393). Des mesures de précaution devront être prises selon les circonstances pour que la translation puisse s'opérer sans danger.

4° Une convention sera conclue avec le directeur de l'hospice Saint-Dominique, à Bruges, pour la réception et le traitement des détenus aliénés. (Art. 12 précité de la loi du 18 juin 1850.)

5° Chaque semestre, et plus souvent si quelque circonstance particulière en indique la nécessité, le directeur de l'hospice adressera au chef de la prison, avec un rapport sur l'état de chaque détenu aliéné, un certificat conforme du médecin de la maison de sûreté de Bruges ; ce rapport sera communiqué en copie à la Commission, pour être adressé à l'Administration supérieure.

6° Le directeur ou le gardien en chef de la prison enverra au chef de la maison de santé, avec le réquisitoire de translation, un tableau indiquant la date et la cause de la condamnation, la cour ou le tribunal qui l'aura prononcée, la nature et la durée de la peine, l'époque à laquelle elle aura commencé à courir, et le jour de son expiration. Des renseignements analogues seront transmis en ce qui concerne les prévenus et les accusés reconnus atteints d'aliénation mentale ; leur translation à la maison de santé sera requise par l'officier du ministère public compétent, aux termes de l'article 12 de la loi du 18 juin 1850.

7° La mise en liberté après l'expiration de la peine ou en cas d'abandon de la poursuite, sera ordonnée de la manière ordinaire comme si le détenu aliéné n'avait pas quitté la prison. Il conviendra d'en donner avis d'une part, à l'Administration, afin qu'elle sache à quelle époque l'État cesse d'être tenu au paiement de la pension, et, d'autre part, au directeur de la maison de santé qui pourra se mettre en rapport, soit avec l'administration communale compétente, pour qu'elle ordonne la continuation de la séquestration de l'aliéné, soit avec la famille, si elle est solvable, et, dans le cas contraire, avec l'administration de la commune dans laquelle l'aliéné aura son domicile de secours.

8° Pour éviter que les détenus aliénés reconnus incurables ne restent indéfiniment à la charge de l'État, il sera fait un rapport à l'Administration supérieure sur la situation de ces aliénés, et les mesures jugées convenables seront prises, sur l'avis de la Commission administrative de la prison (s'il s'agit d'un condamné), du magistrat ou du ministère public compétent (s'il s'agit de prévenus ou d'accusés), pour qu'il soit mis fin à leur captivité légale et que leur séquestration sanitaire soit prolongée s'il y a lieu.

Le Ministre de la justice,<br>Victor Tesch.

### Règlement du 6 novembre 1855.

Art. 308. — Les détenus atteints d'aliénation mentale, sur le rapport du médecin, l'avis du préposé en chef et de la commission de la prison, et sur la réquisition de l'officier du ministère public compétent (art. 12, § 2 de la loi du 18 juin 1850), sont transférés sans délai dans l'établissement désigné par le gouvernement pour le placement des aliénés de cette catégorie.

Art. 309. — En cas de renvoi des poursuites, le procureur du roi désigne, d'accord avec la famille ou l'autorité communale, l'établissement où la collocation doit avoir lieu.

L'aliéné, objet de cette mesure, rentre dès lors dans la classe des aliénés ordinaires en ce qui concerne le paiement des frais d'entretien (art. 40, § 2 du règlement organique sur le régime des aliénés, approuvé par arrêté royal du 1er mai 1851).

### Code pénal.

Art. 71 (Code de 1810, art. 64). — Il n'y a pas d'infraction, lorsque l'accusé ou le prévenu était en état de démence au moment du fait, ou lorsqu'il a été contraint par une force à laquelle il n'a pu résister. (C. P., 416, 417.)

### Loi du 28 décembre 1873.

Art. 12. — Le gouvernement désignera un établissement public, ou traitera avec un établissement privé, pour le placement des prévenus, accusés ou condamnés qui seraient reconnus en état d'aliénation mentale.

Ceux-ci y seront transférés sur la réquisition de l'officier du ministère public compétent près la cour ou le tribunal saisi de la poursuite, ou dont émane l'arrêt ou le jugement.

En cas d'aliénation mentale, les détenus pour dettes et les accusés ou prévenus renvoyés des poursuites seront, sur la réquisition de l'officier du ministère public compétent, colloqués dans le même établissement, à moins que les autorités ou les personnes chargées de pourvoir aux frais de leur entretien n'en désignent un autre.

Art. 27. — Les dépenses énoncées en l'article précédent seront, en ce qui concerne les aliénés non indigents, à la charge des personnes placées ; à défaut, par elles, de pouvoir les supporter, elles seront à la charge de ceux auxquels il peut être demandé des aliments, aux termes des articles 205 et suivants du Code civil.

Toutefois, en ce qui concerne les aliénés prévenus, accusés ou condamnés, lesdites dépenses seront supportées par l'État.


## *Danemark*.

RÉPONSE DE M. KLUBEIN, AVOCAT A LA COUR SUPRÊME DE COPENHAGUE.

1° Les accusés ou prévenus atteints d'aliénation mentale et reconnus irresponsables par la sentence judiciaire qui les acquitte, ne sont pas mis en liberté sur-le-champ ; l'article 38 du Code pénal danois promulgué le 10 février 1866, contient les dispositions suivantes :

« Ne sont pas punissables les actes commis par des personnes en état de démence ou dont la raison est si peu développée ou si affaiblie et dérangée, qu'elles ne peuvent être considérées comme ayant eu conscience de la criminalité de leur action. Il en est de même si, au moment d'agir, le prévenu était privé de l'usage de ses facultés.

» Dans le cas où une poursuite a lieu, l'arrêt du tribunal peut ordonner qu'il sera pris des mesures de sûreté contre l'accusé ; mais ces mesures pourront être levées par l'autorité

administrative lorsque, sur l'avis des médecins, elles ne seront
plus jugées nécessaires. »

En conséquence dudit article, le tribunal ordonnera desmesures
de sûreté dans tous les cas où l'état du prévenu constitue un
danger pour la société. Si la démence est d'une nature inoffensive,
le tribunal se bornera à un acquittement, en laissant à l'autorité
administrative de prendre elle-même soin du prévenu, comme
dans tout autre cas de démence, d'essayer sa guérison dans un
asile d'aliénés, etc.

2°, 3°, 4° L'irresponsabilité de l'accusé ou du prévenu atteint
d'aliénation mentale est déclarée par le tribunal. qui ordonne « sa
mise *sous la garde* de l'autorité administrative ». C'est à celle-ci
de décider si l'inculpé acquitté sera mis dans un asile ordinaire
d'aliénés, ou s'il suffit de le mettre sous la garde de personnes
privées, par exemple de sa famille. Si l'inculpé a commis un
crime de quelque importance, il sera toujours mis dans un asile
ordinaire.

C'est seulement dans les considérants, que l'irresponsabilité
de l'accusé est mentionnée. La conclusion contient un acquittement ordinaire, auquel on ajoute, s'il y a lieu, la formule « mais
il sera mis sous la garde de l'autorité administrative ».

Nous n'avons pas, en Danemark, de poursuites devant le jury.
Dans un projet de loi, qui a été rédigé par une commission et qui
prochainement sera soumis aux délibérations de notre Assemblée
législative, l'introduction du jury est proposée ; selon l'article 333
dudit projet, une question supplémentaire peut être soumise au
jury sur l'état mental de l'accusé ainsi que sur toute circonstance
qui peut exclure la condamnation. Néanmoins la question principale doit être posée sans aucune variation comme à l'ordinaire :
Le prévenu est-il coupable, etc.

5° On ne fixe pas la durée minima du séjour dans l'asile.

6° Les asiles en question sont directement administrés par
l'Etat. Les médecins-directeurs et les inspecteurs des asiles sont
nommés par l'Etat.

7° 8° et 9° Quand les médecins-directeurs de l'asile déclarent
que le prévenu soumis à leurs soins a été guéri, et qu'il peut être
mis en liberté sans aucun danger pour la société et pour lui-même,
l'autorité administrative (en dernier lieu, le Ministère de la justice)
peut ordonner sa mise en liberté ou sa démission de l'asile. Elle
peut, en même temps, ordonner qu'il sera mis sous la vigilance de

personnes privées, etc. L'autorité administrative agit sur l'avis des médecins (Voy. Code pénal, art. 38), mais n'est pas tenue de s'y conformer. Le pouvoir judiciaire n'a aucun droit d'intervenir dans ces questions.

10° L'article 38 du Code pénal règle la matière.

11° La loi n'est pas l'objet de critiques sérieuses.

12° Les inculpés dont les facultés mentales seraient altérées, sont soumis aux expertises médico-légales dans l'intérieur des prisons par les médecins de l'Etat, résidant dans le district du tribunal. Sur l'avis de ces médecins et si le tribunal le juge nécessaire, ils peuvent être transférés à un asile de l'Etat pour y être observés et soumis à de nouvelles expertises.

13° Les détenus atteints d'aliénation mentale postérieurement à leur condamnation sont traités dans l'infirmerie de la prison même, à moins que le médecin ne trouve nécessaire de le transférer dans un asile ordinaire. S'ils sont reconnus inguérissables, ils sont toujours transférés. — En Danemark, il n'existe pas d'asile spécial pour les aliénés criminels.

## *Espagne.*

RÉPONSES DE M. PIERRE ARMENGOL Y CORNET, DOCTEUR EN DROIT.

Barcelone, 28 juin 1878.

1° Les prévenus, atteints d'aliénation mentale et reconnus irresponsables par la sentence judiciaire qui les acquitte, ne sont jamais mis en liberté, et, selon l'article 8 du Code pénal espagnol, s'ils ont commis un délit qualifié de grave (crime, selon la législation française), le tribunal ordonne toujours la réclusion du prévenu dans un hôpital d'aliénés, duquel le prévenu ne peut sortir sans autorisation expresse du même tribunal : mais s'il a commis un délit moins grave (délit, selon la législation française), le tribunal, selon les circonstances du fait, peut ordonner la réclusion de l'aliéné dans un hôpital, ou bien le rendre à sa famille, si celle-ci peut donner caution ou garantie de la vigilance à exercer sur l'aliéné.

2° Aucune différence n'existe dans le régime des aliénés entrés aux hôpitaux, soit qu'ils aient été renfermés par les tribunaux, soit qu'ils aient été renfermés par ordre de l'autorité civile, ou par une entente de leur famille. Les aliénés sont classés dans les hô-pitaux selon les ordres du médecin en chef et la nature ou l'origine de leur maladie. Il faut savoir maintenant, qu'en Espagne il y a des maisons ou hôpitaux d'aliénés à la charge de l'administration provinciale, et d'autres soutenues par des entreprises particulières : malheureusement ceux de la première classe ne peuvent toujours admettre les aliénés acquittés par sentence et à la charge de la province : il faut donc les placer dans les autres où les malades sont généralement très-bien soignés.

3° L'irresponsabilité des aliénés est déclarée seulement dans la sentence définitive qui termine le procès, parce que l'irresponsabilité par cause d'aliénation mentale, est la première cause d'excuse de responsabilité criminelle établie dans l'article 8 du Code pénal. En Espagne, le jury a été supprimé, et le tribunal ordinaire et la Cour d'appel (Audiencia) sont les seuls qui peuvent déclarer l'excuse. Celle-ci doit être invoquée par l'avocat du prévenu pendant la période de la plaidoirie, si l'aliénation ne se trouve justifiée dans l'instruction *ó sumario*; mais si l'aliénation est établie dans l'instruction, le procureur du roi demande toujours la déclaration d'irresponsabilité. — Il n'y a donc pas lieu de poser la question spéciale, car l'état mental des prévenus doit être exposé soit par le procureur du roi, soit par l'avocat défenseur; mais si pendant le cours de l'affaire et avant de prononcer la sentence, des symptômes d'aliénation se sont déclarés, l'affaire retombe de nouveau dans la période d'instruction afin de vérifier l'état du prévenu.

4° Le placement dans l'asile est toujours ordonné par le tribunal si l'aliéné commet une action punie par le Code; dans l'autre cas, l'autorité administrative ordonne la réclusion surtout si l'aliéné est abandonné de sa famille.

5° Il n'y a de maximum ni de minimum fixé par la loi pour le séjour ; c'est la guérison complète qui détermine la sortie.

6° Il n'y pas d'inspecteurs officiels des maisons d'aliénés, les reclus peuvent être visités par leur famille ou leurs amis d'après les prescriptions du règlement intérieur.

7°, 8° et 9° La sortie des aliénés dépend non-seulement de l'opinion des médecins de l'établissement, mais aussi des rapports présentés par les médecins désignés par le tribunal, surtout dans le cas de crime commis per le détenu.

L'accusateur privé a le droit de s'opposer à la sortie, ainsi que le ministère public. Le tribunal nomme toujours et d'une manière plus spéciale, dans le cas d'opposition à la sortie, des médecins qui, après un examen sérieux, présentent leurs rapports, et tout dépend alors de la résolution de la cour.

10° La matière est réglée notamment par l'article 8 du Code pénal.

11° et 13° La loi en vigueur donne lieu à des critiques. Je peux à cet égard invoquer mon expérience comme avocat rapporteur à la Cour de Barcelone pendant treize années; dans la plupart des cas, les prévenus aliénés ont été retenus dans la prison préventive, sinon avec les autres criminels ou détenus dans le cas de folie furieuse, mais toujours, dans la folie simple ou imbécillité; de là, le développement de l'affection morale, les abus de la part des autres prévenus qui profitent de l'inertie morale de leur compagnon, pour faire de ce malheureux l'objet de leurs moqueries. J'ai vu dans la prison de Barcelone une femme accusée d'infanticide, complétement folle, enfermée dans un cachot, non-seulement pendant plusieurs mois que dura le procès, mais retenue dans la prison quelques mois après la déclaration d'irresponsabilité et attendant la résolution d'un expédient administratif pour savoir l'hôpital où elle devait être placée.

Il faudrait donc dans tous les cas où un prévenu est soupçonné de folie, imbécillité ou aliénation, le placer dans un quartier spécial et séparé de la prison, jusqu'au jour de la sentenc , et aussi la création d'un asile spécial pour les acquittés par sentence des tribunaux pour cause d'aliénation, et la mise en pratique d'un règlement spécial et propre pour ces malheureux.

Dans la procédure, il serait convenable aussi, dans le cas de folie évidente ou bien déclarée, d'abréger l'instruction de telle sorte que la sentence ne se fit pas attendre deux années, comme cela arrive dans le plus grand nombre des cas.

C'est une question d'humanité, sur laquelle je désire de tout mon cœur que la Section fasse sentir d'une manière sérieuse et éloquente le besoin du remède.

12° Les inculpés dont les facultés mentales paraissent altérées sont soumis, pendant le cours de l'instruction, aux expertises médico-légales dans la prison; il faut reconnaître qu'on ne peut citer un seul cas de condamnation comme responsable d'un homme atteint d'aliénation, et cela, grâce aux travaux sérieux des médecins.

Barcelone, 28 novembre 1878.

Quand un prévenu est devenu aliéné pendant la procédure et avant le jugement, il est renfermé dans un hôpital d'aliénés, duquel il ne peut pas sortir sans une information très-complète, et, si l'information est favorable à la santé, on prononce le jugement, car autrement le crime ou le délit resterait sans peine. Il est vrai, cependant, que dans les douze années pendant lesquelles j'étais rapporteur à la Cour de Barcelone, aucun cas de ce genre n'est arrivé, mais j'ai consulté les magistrats et le parquet et tous sont de mon avis.

Le prévenu acquitté pour avoir commis le délit ou le crime dans un état de folie, est soustrait au jugement, renfermé dans un hôpital duquel il ne peut jamais sortir sans l'autorisation du tribunal, et après une information très-complète des médecins. Mais si, pendant la période d'exécution de la peine, le condamné devient fou ou aliéné, alors il est retiré de l'établissement pénitentiaire et placé dans un hôpital jusqu'à sa guérison complète, et il rentre de nouveau dans la prison pour terminer le temps de la peine, car la folie doit être toujours considérée comme une maladie qui ne fait que déplacer ou retarder l'expiration du temps du condamné, de sorte que celle-ci ne devient jamais illusoire.

Je désire bien, mon cher collègue, que ma réponse soit bien claire et complète, et je suis toujours à vos ordres pour vous fournir tous les renseignements de tout genre qui vous intéressent.

Pierre Armengol y Cornet.

### CODE PÉNAL ESPAGNOL DE 1870.

Art. 101. — Cuando el delincuente cayere en locura ó imbecilidad despues de pronunciade la sentencia firme, se suspenderá la ejecucion tan solo en cuanti á la pena personal. En cualquier tiempo en que el delincuente recobre el juicio, complirá la sentencia, á noser que la pena habiere prescrito, con arreglo à la que se establece en este codijo. Se observarán tambien las desposiciones respectivos de este sentencia, cuanda la locura ó imbecilidad sobreviniere hallandre et sentenciende cumpliende la sentencia.

Confirmation légale de l'opinion exprimée ci-dessus.

# Grande-Bretagne

## A

### RÉPONSES DE M. MURRAY-BROWNE

Juillet 1878.

Votre Société me fait un grand honneur en me consultant sur la question des aliénés criminels, et je me hâte de répondre, tout en faisant observer que je ne suis pas très-compétent en cette matière.

Il convient de diviser les aliénés criminels en deux classes :

(a) Nous rangeons dans la première les individus qui n'étaient pas sains d'esprit au moment de l'accomplissement de l'acte dont ils sont accusés ;

(b) La seconde comprendra ceux qui deviennent fous pendant l'accomplissement de la peine à laquelle ils ont été condamnés, pour un crime commis pendant qu'ils avaient toute leur raison.

Première classe (a). — S'il y a lieu d'acquitter un accusé en se basant sur ce qu'il n'était pas sain d'esprit lorsqu'il a commis l'acte, le jury, aux termes de la loi, doit se prononcer dans son verdict sur la question de folie, et le juge a alors le droit d'ordonner que l'individu acquitté sera enfermé dans le lieu qu'il conviendra à la reine de fixer et cela jusqu'à ce qu'elle en ait autrement décidé. Dans ce cas le Secrétaire de l'intérieur fait toujours conduire l'aliéné dans un asile.

Deuxième classe (b). — Si un condamné perd la raison pendant qu'il subit sa peine, sur le certificat délivré par deux médecins spéciaux, le Secrétaire de l'intérieur donne l'ordre de le conduire dans un asile d'aliénés. S'il s'agit d'un individu condamné à la peine de mort, le certificat d'insanité ne peut être délivré que par deux médecins spécialement désignés à cet effet par le Secrétaire de l'intérieur : dans tous les autres cas, les *visiting justices* et les directeurs des prisons peuvent prendre l'initiative de la translation à l'asile.

Lorsque l'un des individus de la classe (b) a recouvré la raison, le Secrétaire de l'intérieur (ou autrement dit le Ministre de l'intérieur) ordonne la mise en liberté du condamné si la durée de sa détention criminelle est expirée, et le fait au contraire reconduire à la prison pour y subir le restant de sa peine, si les délais ne sont pas expirés. — S'il avait été condamné à mort, il peut être exécuté.

Dans le cas d'un individu de la classe (*a*), acquitté parce qu'il n'était pas sain d'esprit, le Secrétaire d'État doit le rendre à la liberté aussitôt qu'il reçoit le certificat des deux médecins constatant sa guérison. Mais pourtant, si le crime qui a été commis est très-grave, un meurtre par exemple, l'accusé, acquitté comme ne jouissant pas de sa raison, peut, sur l'ordre du Secrétaire d'État qui représente le roi, être séquestré pour la vie dans un asile alors même qu'il a recouvré ses facultés.

Je vais maintenant répondre au questionnaire :

En Angleterre, les accusés ou prévenus atteints d'aliénation mentale et reconnus irresponsables par la sentence qui les acquitte, sont souvent enfermés dans les asiles ordinaires : on en détient pourtant un certain nombre dans un asile spécialement destiné aux aliénés criminels, et qui est situé à Broadmoor, en Berkshire ; ce sont spécialement ceux qui étaient accusés des faits les plus graves. Cette maison est entretenue aux frais de l'État, je crois que matériellement elle est soumise au même régime que les asiles.

Broadmoor est inspecté, ainsi que les autres asiles d'aliénés, par les *lunacy commissioners* ; ce corps est composé de médecins et d'autres *gentlemen* ; tous sont nommés par le gouvernement ; les uns sont payés, les autres ne le sont pas; ils sont pour ainsi dire inamovibles. Leurs pouvoirs sont très-étendus et ils visitent les asiles toutes les fois qu'ils le jugent convenable.

Les médecins ne sont pas les seuls juges de l'opportunité des sorties de l'asile ; le Secrétaire d'État et ses conseillers conservent toute leur liberté d'action.

Les dispositions de loi réglant la matière sont nombreuses ; voici les plus importantes: Statute 39 et 40 Geo. III, c. 94; statute 3 et 4 Vict. c. 54, s. 3 ; statute 27 et 28 Vict. c. 29, s. 2 ; statute 23 et 24 Vict. c. 75 ; statute 23 et 24 Vict. c. 75, s. 14 ; statute 8 et 9 Vict. c. 100.

Il y a divergence d'opinions sur la valeur des lois en vigueur en Angleterre. — Certains médecins soutiennent que le corps médical doit être seul juge des questions de folie. — Dans le public, bien des personnes se plaignent, d'un autre, côté du peu d'accord qui existe entre les médecins sur les questions de responsabilité des aliénés, et je crois qu'on serait peu désireux de leur voir concéder des pouvoirs plus étendus que ceux qu'ils possèdent.

Les lois sur les aliénés sont très-nombreuses, très-compliquées et assez difficiles à comprendre ; le recueil des *Lunacy Acts* a été publié par *Knight and C°, 90, Fleet Street, London.*

(*Traduit de l'anglais.*)

*Dans une autre lettre du 16 août 1878, M.* Murray-Browne *nous fait connaître ce qui suit en ce qui touche les aliénés criminels jugés « summarily » :* Je pense pouvoir conclure des explications qui me sont fournies, que la Cour qui juge sommairement doit avoir, en théorie, les mêmes pouvoirs que le jury pour acquitter le prévenu qui n'est pas sain d'esprit, et qu'elle peut aussi ordonner que l'individu acquitté sera détenu jusqu'à ce que la reine ait fait connaître son bon plaisir ; mais, en pratique, les inculpés de cette catégorie sont traités comme des aliénés ordinaires. — Je vous ferai remarquer du reste qu'on ne juge sommairement que les petites affaires.

(*Traduit de l'anglais.*)

**B**

RÉPONSE DE M. WILLIAM TALLACK, SECRÉTAIRE DE L'ASSOCIATION
HOWARD

29 juin 1878.

1° En Angleterre, les accusés ou prévenus atteints d'aliénation mentale, reconnus irresponsables par la sentence judiciaire qui les acquitte, ne sont pas mis en liberté mais enfermés dans un asile. — En cas de meurtre ou autres accusations graves, les individus acquittés sont détenus suivant le bon plaisir de la reine qui peut ordonner qu'ils seront confinés dans un asile pendant toute la durée de leur existence.

2° Le régime des asiles a des points de ressemblance avec celui des quartiers d'aliénés des prisons criminelles.

3° L'irresponsabilité de l'accusé ou du prévenu atteint d'aliénation mentale est déclarée par le verdict du jury après audition de témoignages médicaux, mais ces témoins sont appelés par les parties en cause, soit le poursuivant, soit l'accusé. Ce n'est pas une enquête absolument impartiale par experts.

4° L'autorité judiciaire ordonne le placement dans les asiles ;

mais dans certains cas, après la condamnation, c'est l'autorité administrative qui agit (le Ministre de l'intérieur).

5° Je ne crois pas qu'une durée minima du séjour dans l'asile soit fixée.

6° Les visites et inspections des asiles sont faites par une commission préposée par le gouvernement pour visiter et surveiller tous les asiles d'aliénés. — Le duc de Shaftesbury est le président actuel.

7° à 9° Après la sentence, la sortie des aliénés ayant commis un crime ou un délit dépend du concours des médecins de la prison, des directeurs de l'asile et du Ministre.

10 et 11° En ce qui concerne les textes de loi, voir la note que je joins au présent.

12° Les inculpés dont les facultés mentales paraissent altérées sont examinés par le médecin attaché à la prison.

13° Les détenus atteints d'aliénation mentale postérieurement à leur condamnation, étaient autrefois, lorsqu'ils étaient soumis à une longue peine, envoyés dans l'asile des aliénés criminels de Broadmoor dans le Berkshire, mais maintenant on les traite plutôt dans les quartiers spéciaux des prisons criminelles.

*(Traduit de l'anglais.)*

TEXTES JOINTS A LA RÉPONSE DE M. WILLIAM TALLACK

Art. 20 « sur l'insanité » dans le nouveau Bill, intitulé « Code criminel, *indictable offences*», présenté à la Chambre des communes par l'attorney gé éral, sir John Holker. — Ce Bill important, excellent et très-étendu (218 pages in-folio d'impression), a été préparé par sir James Fitz James Stephen, un de nos juges suppléants. Pour faciliter son passage dans le parlement au cours de l'année 1879, le gouvernement l'a renvoyé à une Commission spéciale de trois membres, lord Blackburn, le juge Lush, et sir J. Stephen lui-même. Ils doivent consacrer quatre mois à une révision minutieuse, et l'on espère ensuite que les deux chambres accepteront de confiance le travail ainsi préparé et que le public, et les hommes de loi ont accueilli avec faveur. C'est donc un projet et non une loi actuelle, dont voici les dispositions :

Art. 20. *Insanité.* — Aucun acte ne sera considéré comme un délit, si l'auteur, au moment de sa perpétration, est empêché, par un état mental défectueux ou par une maladie affectant son esprit:

(*a*) De comprendre la nature de cet acte; ou

(*b*) De connaître si l'acte est défendu par la loi ou s'il est moralement coupable; ou

(*c*) Si cet auteur, au moment où l'acte a été commis, était, à raison d'une des causes précitées, dans un état tel qu'il n'en aurait pas moins commis l'acte, lors même qu'il aurait su que le châtiment le plus sévère autorisé par la loi pour ce délit lui serait immédiatement appliqué, pourvu que cet état d'esprit ne soit pas produit par la faute de cette personne.

Un acte peut être un délit quoique l'esprit de l'auteur soit affecté par une maladie ou que son pouvoir soit insuffisant, si cette maladie ou cette défaillance ne va pas jusqu'à produire l'un ou l'autre des effets mentionnés ci-dessus.

ART. 21. *Ivresse.* — L'ivresse volontaire n'est pas une maladie affectant l'esprit dans le sens des dispositions qui précèdent, mais ces prévisions s'appliquent à l'ivresse involontaire et à toute maladie causée par l'ivresse volontaire, si elles ont affecté l'esprit. Si l'existence d'une intention spéciale est essentielle pour constituer un délit, le fait que le délinquant était ivre quand il a commis l'acte, qui, joint à cette intention, constituerait le délit, peut être pris en considération par le jury pour décider s'il avait bien cette intention.

(*Traduit de l'anglais.*)

## C

RÉPONSE DE M. L. T. CAVE, SECRÉTAIRE DE LA SOCIÉTÉ ROYALE DE PATRONAGE DES PRISONNIERS LIBÉRÉS.

1° Dans la Grande-Bretagne et l'Irlande, les accusés ou prévenus atteints d'aliénation mentale et reconnus irresponsables par la sentence judiciaire qui les acquitte, sont internés dans une prison à part.

2° Le régime est doux. On tache d'amuser les aliénés et de les occuper à des travaux légers selon leur capacité ; le traitement est meilleur que dans les asiles ordinaires.

3° L'irresponsabilité de l'accusé atteint d'aliénation mentale est prononcée par le juge après la décision du jury qui est chargé de répondre à la question d'irresponsabilité pour cause d'aliénation.

4° Le juge ordonne le placement de l'aliéné dans l'asile et le Ministre de l'intérieur l'exécute.

5° La durée de la détention dans l'asile n'est pas fixée, l'arrêt s'exprime ainsi : *during Her Majesty's pleasure.*

6° Les inspections des asiles sont faites par un représentant du Ministre et par des commissaires d'aliénés nommés par le gouvernement. Les visites ont lieu inopinément.

7° Les médecins ne sont pas seuls juges de l'opportunité des sorties. Elles sont à la discrétion du Ministre qui décide selon la recommandation du directeur de l'asile et des médecins.

8° et 9° En pratique, le pouvoir judiciaire et l'autorité administrative exercent un droit d'examen sur la sortie des aliénés ayant commis un crime ou un délit; en théorie. c'est le Ministre qui a seul tous les pouvoirs.

10° La matière est réglée par des actes du parlement.

11° Les lois en vigueur ne sont pas l'objet de critiques sérieuses ; le public est convaincu que les dispositions à l'égard des aliénés sont humaines.

12° Les inculpés dont les facultés mentales paraissent altérées, sont soumis, quand les autorités le désirent, à l'examen des médecins les plus distingués.

13° Les détenus atteints d'aliénation mentale postérieurement à leur condamnation sont placés dans des quartiers spéciaux des prisons, mais pas dans des prisons spéciales.

### D

RÉPONSE DE M. BARWICK BAKER, JUGE DE COMTÉ DE GLOUCESTER

1° Le prisonnier atteint d'aliénation mentale et reconnu irresponsable n'est jamais mis en liberté, mais le juge ordonne qu'il soit renfermé « jusqu'à ce que le bon plaisir de Sa Majesté se soit fait connaître ». Il est alors transporté dans une maison d'aliénés. Si le crime qu'il est déclaré avoir commis en état d'aliénation, est un crime grave tel qu'une tentative de meurtre ou d'incendie, il est enfermé dans un établissement du gouvernement (Broadmoor) dirigé par un Comité dont les membres ne reçoivent pas de traitement, Comité dont font partie sir E. Du Cane, directeur en chef des prisons de convicts (maisons de servitude pénale) de Sa Majesté. — Si le délit est de moindre importance le prisonnier est envoyé dans une maison ordinaire d'aliénés.

**2°** Dans ce dernier cas, le régime est celui de l'asile ordinaire.

**3°** Le juge prend soin d'établir l'aliénation, et le jury s'il est convaincu, rend un verdict déclarant « l'accusé non coupable comme n'étant pas sain d'esprit ».

**4°** Le placement dans l'asile résulte d'un ordre de la reine agissant par l'intermédiaire du Secrétaire d'État.

**5°** Aucune durée minima n'est fixée au séjour dans l'asile.

**6°** L'asile officiel (Broadmoor) est visité par le Comité dont nous avons parlé plus haut, et par les commissaires des aliénés *(lunacy commissioners)* nommés par la reine, par l'intermédiaire du Secrétaire d'État de l'intérieur.

Les autres asiles sont visités par les juges de paix, qui, dans chaque comté, résident près de ces asiles, et par les commissaires des aliénés.

**7°** Il n'y a pas de règles spéciales sur la sortie des aliénés ayant commis un crime ou un délit.

**8°** Les officiers médicaux et les Comités d'inspection signalent au Secrétaire d'État de l'intérieur les cas où la libération leur paraît devoir être accordée, mais un aliéné condamné ne saurait être relâché sans l'ordre de ce Secrétaire.

**9°** Souvent le Secrétaire d'État consulte le juge à titre privé ; mais à lui seul appartient le pouvoir de donner l'ordre d'élargissement.

**10°** La matière est d'ailleurs réglée par l'Acte sur les aliénés criminels de 1867.

**11°** Je n'ai entendu faire aucune critique sérieuse et publique du traitement des aliénés criminels ; je pense pourtant que la loi devrait être améliorée dans ses principes.

**12°** Les inculpésd ont les facultés mentales paraissent altérées, sont au cours de l'instruction traités comme les autres malades.

**13°** S'il apparaît que l'aliénation ait commencé après le crime mais avant le jugement, le prisonnier est, lorsqu'on le déclare moralement sain, renvoyé à la prison pour être jugé. S'il devient aliéné après le jugement, mais qu'il soit ensuite déclaré en bonne santé avant que sa peine soit expirée, il est encore renvoyé à la prison pour y achever cette peine.

**14°** Je vous envoie par la poste le dernier rapport des commissaires des aliénés. Vous trouverez à la page 363, le rapport sur

, asile de Broadmoor. — J'espère, dans un jour ou deux, pouvoir vous envoyer l'Acte de 1867. Ce sont là, je crois, les principaux documents.

*(Traduit de l'anglais.)*

*M.* B. Baker *nous a également adressé les lettres explicatives qui suivent :*

1.

27 juin 1878.

C'est avec grand plaisir que je vous envoie les réponses à votre questionnaire. Un de mes bons amis du Ministère de l'intérieur en a pris connaissance et je crois qu'elles méritent votre confiance.

Je sens que j'ai à peine le droit d'exprimer sur un pareil sujet mes idées personnelles. — Mais votre Société a eu la bonté de me permettre de le faire sur d'autres points, ce qui m'encourage à le faire encore ici. Je ne demande d'ailleurs l'adhésion de personne. Je veux seulement vous suggérer quelques idées que vous serez libre d'accepter ou de repousser.

Pour moi, les lois concernant les aliénés criminels reposent sur un principe erroné. Je ne puis pas croire à l'*entière* irresponsabilité ; telle est la conclusion de tout ce que j'ai pu apprendre à l'égard de ceux que nous appelons aliénés. Chez quleques-uns, il reste beaucoup de raison, chez presque tous il en reste *un peu* et par suite *un peu de responsabilité*. Presque tous peuvent avoir plus ou moins d'empire sur eux-mêmes et c'est cette faculté qu'on pourra étendre et fortifier, qui constitue le meilleur espoir de guérison.

J'accorde que les aliénés sont en général beaucoup moins responsables de leurs actes que ceux que nous appelons sains d'esprit, et qu'ils méritent de bien moindres châtiments ; mais ils ont cependant le pouvoir d'exercer quelque empire sur eux-mêmes, et les traiter comme des êtres sans responsabilité, c'est les empêcher d'user de ce pouvoir.

Notre but a été d'arriver à produire « le maximum d'intimidation avec le minimum de souffrance ». Mais, dans ce cas spécial, nous faisons tout à fait le contraire. Nous déclarons que le prisonnier n'est pas coupable, n'a pas fait le mal, quelque légère que soit l'aliénation et ensuite nous l'enfermons dans un asile d'aliénés pour une grande partie de sa vie. — sans même

. 4

avoir la prétention d'enseigner aux autres à éviter un sort semblable.

Je voudrais que le juge rendit son jugement de la façon suivante :

« Prisonnier, vous avez commis un crime. Il paraît démontré que vous avez moins de pouvoir sur vos propres actions que la plupart de vos semblables ; c'est pourquoi vous serez puni d'une façon moins sévère ; — cependant vous serez enfermé dans un asile jusqu'à ce que vous ayez gagné un empire sur vous-même suffisant pour éviter à l'avenir de pareils crimes. »

Une telle façon d'agir ne rendrait pas le sort des aliénés plus rigoureux, mais elle empêcherait beaucoup parmi eux de dire ou de penser, « si je commets un meurtre, on ne me fera aucun mal ; on dira que je ne pouvais faire autrement. »

Est-il possible de trouver une ligne de démarcation bien nette entre l'aliénation et la santé de l'esprit? Ou bien, est-ce là une différence comme celle qui sépare le jour de la nuit, ou l'hiver de l'été ou d'autres événements naturels, événements distincts sans doute, mais sans qu'on puisse fixer le point où l'un commence et l'autre finit? — Nous éprouvons tous quelque difficulté à obéir aux ordres de la raison. Quelques-uns ont de bien plus grandes difficultés que les autres. Des passions violentes sont aussi difficiles à réprimer que la folie, au moins au degré inférieur.

Mais, après tout, la question de la folie est-elle d'une véritable importance pour le public? Si je me crois roi de Tombouctou, cela ne fait aucun mal au public. Il est vrai qu'une longue expérience nous a montré que celui qui est en proie à des aberrations sans danger est aussi disposé aux aberrations dangereuses et à attaquer son voisin. — Mais c'est le fait d'agression et non l'aberration mentale contre lequel le public peut réclamer protection. Les hommes sujets à de violents accès de colère qu'ils ne peuvent pas ou ne veulent pas vaincre, — ceux qui ne peuvent pas réprimer leur passion pour la boisson, seront aussi dans l'habitude d'attaquer leurs voisins, et le public aura le même droit de réclamer qu'on les enferme jusqu'à ce qu'ils puissent être relâchés sans danger, que s'ils avaient été déclarés aliénés par l'autorité médicale.

2.

1ᵉʳ juillet 1878.

Je crains que vous ne m'accusiez de vous envoyer un trop grand nombre d'*Actes*. J'ai constaté que l'*Acte* sur les aliénés criminels de 1867 renvoyait à deux autres lois et j'ai pensé qu'il vous serait utile de posséder le texte de ces deux lois.

Un de mes amis m'a donné l'idée de vous envoyer comme réponse à votre troisième question la décision des juges dans l'affaire de la reine contre Mac Naghten, décision qui est aujourd'hui de juriprudence constante.

A cette question : « Sous quelle forme l'irresponsabilité de l'accusé ou du prévenu atteint d'aliénation mentale est-elle déclarée judiciairement? voici la réponse des juges : « Pour que l'aliénation soit un moyen de défense acceptable, il faut qu'il soit nettement établi qu'au moment où le crime a été commis, l'accusé souffrait d'un défaut de raison par suite de maladie, tel qu'il ne connût pas la nature et la qualité de l'acte qu'il commettait, — ou, s'il les connaissait, qu'il ne comprît pas qu'il faisait le mal. »

Je crains qu'une pareille décision ne soit pas trop lucide, — mais l'homme est presque incapable d'expliquer le point exact où un esprit qui n'est pas complétement sain peut avec rectitude distinguer le bien du mal.

3.

8 août 1878.

Votre lettre m'a suivi à Copenhague où je me trouve actuellement en route pour Stockholm; je n'ai ici ni livres ni amis à consulter et suis par conséquent obligé de parler avec moins d'assurance; je crois cependant pouvoir répondre à vos questions.

Les cas qui sont jugés sommairement sont de peu d'importance, — tels que vols n'excédant pas une valeur de 5 shellings, querelles, voies de fait, — rarement passibles d'une peine supérieure à trois mois d'emprisonnement. Ces cas sont jugés dans quelques grandes villes par un magistrat rétribué; — dans les villes plus petites, dans les campagnes, par des juges de paix non rétribués, au nombre de deux ou plus (souvent cinq ou six). Les magistrats rétribués ont une réelle connaissance de la loi, mais beaucoup de cas à juger et peu de temps à accorder à chacun. Les autres sont souvent moins instruits, mais ont plus de temps et prennent plus de soin de chaque affaire.

En tous cas, si un prisonnier est présumé aliéné, il sera enfermé en prison pour quelques jours, — en la forme : « jusqu'à examen ultérieur », et là l'officier médical de la prison l'examinera et appellera en même temps en consultation un second docteur. Si les deux docteurs le déclarent aliéné, nous oublierons le délit mais nous enverrons le prisonnier dans un asile, où il restera jusqu'à ce qu'il soit guéri.

Si au moment du jugement il n'y avait aucune apparence d'aliénation, mais que cette aliénation ait apparu dans la prison, il sera de même envoyé à l'asile jusqu'à guérison ; cette guérison obtenue, la loi voudrait qu'il fût renfermé de nouveau en prison jusqu'à l'expiration de sa peine ; mais, en pratique, les juges de paix inspecteurs signaleront le cas au Secrétaire d'Etat de l'intérieur, qui obtiendra la grâce du prisonnier.

Celui que deux médecins ont déclaré aliéné est toujours *présumé dangereux* pour le public ; il est envoyé par le juge de paix dans un asile public d'aliénés.

Le Secrétaire d'État de l'intérieur n'interviendra pas (ou n'interviendra que très-rarement), dans les affaires d'un asile d'aliénés ; il voit là un domaine réservé à la science médicale, mais il peut obtenir la remise de la peine, quel que soit le juge, le magistrat rétribué ou le juge de paix qui l'ait prononcée.

Broadmoor est un asile officiel soutenu aux frais du pays et destiné à ceux qui ont commis des crimes très-graves. En dehors de cet établissement, chaque comté a un asile public (parfois deux comtés ou même davantage n'en ont qu'un seul), soutenu au moyen des contributions du comté et où tout juge de paix peut envoyer quiconque a été déclaré aliéné par deux médecins. Ces asiles sont visités et inspectés par les juges de paix du voisinage, et par des commissaires des aliénés nommés par le gouvernement. Outre ces maisons, il y a encore des asiles privés construits dans un but de spéculation, — comme des hôtels où l'on reçoit les malades riches moyennant un prix élevé. Ces asiles sont autorisés par les juges de paix du comté assemblés en sessions trimestrielles (*quarter sessions*), visités par un comité composé de ces juges et par les commissaires des aliénés.

Les aliénés qui ont commis des délits de peu d'importance (délits ne les faisant pas entrer à Broadmoor), seront envoyés dans un asile de comté et traités suivant leur état mental. Ceux qui seraient violents ou dangereux, seront enfermés séparément, les aliénés tranquilles et sachant se conduire, confondus avec les autres.

*(Traduit de l'anglais.)*

# *Hollande*

## A.

**RÉPONSE DE M. GODEFROY, MEMBRE DE LA CHAMBRE DES REPRÉSENTANTS, ANCIEN MINISTRE DE LA JUSTICE.**

La Haye, 18 juillet 1878.

1° et 2° En Hollande, les accusés ou prévenus atteints d'aliénation mentale et reconnus irresponsables par la sentence qui les acquitte, ne sont pas mis en liberté sur-le-champ ; lorsqu'ils paraissent dangereux on les place dans un asile d'aliénés, sans être soumis à un régime spécial.

3° L'irresponsabilité de l'accusé ou du prévenu, atteint d'aliénation mentale, est déclarée soit par ordonnance de la chambre du conseil, lorsque, par ce motif, il n'y a pas lieu de renvoyer l'accusé ou le prévenu devant la justice correctionnelle ou criminelle, soit après renvoi, par le tribunal correctionnel ou (en cas d'appel), par la cour en matière correctionnelle ; soit, en matière criminelle, par la cour, jugeant en cette matière en dernier ressort. Le jury n'existe pas en Hollande.

4° Il résulte de la loi du 29 mai 1841 dont le texte est annexé, que c'est l'autorité judiciaire qui ordonne le placement dans les asiles.

5° La loi de 1841 ne fixe pas une durée minima de séjour dans l'asile.

6° Le texte des articles 7 et 9 de la loi de 1841, qui se trouve plus loin, fait connaître comment les visites et les inspections des asiles sont réglées.

7° Il n'existe pas de règles spéciales pour la sortie des aliénés ayant commis un crime ou un délit, mais il va de soi, que, s'il s'agit d'un aliéné, qui n'a pas encore été reconnu irresponsable par sentence judiciaire, la direction de l'asile s'entend avec le ministère public, pour que l'aliéné soit transporté ou réintégré à la prison. (Voy. au surplus, l'art. 23 de la loi de 1841 et la note y relative).

8° Les médecins sont seuls juges de l'opportunité des sorties (art. 23 et 26 de la loi de 1841). Il y a cependant exception dans les cas des articles 24 et 25 de la même loi.

9° Il résulte des articles 13, 15, 16, 19 et 21 de la loi de 1841, que le pouvoir judiciaire exerce un droit d'examen, en ce sens que les médecins ne sont pas les seuls juges de l'opportunité du placement.

10° La loi de 1841 déjà citée et l'article 452 du Code néerlandais de procédure pénale, règlent la matière. (Voy. les annexes nᵒˢ I et II.)

11° La loi de 1841 est l'objet de critiques, qui ont fait reconnaître la nécessité d'une révision. Cette révision est à l'étude. Les critiques regardent l'insuffisance des garanties, par lesquelles la loi s'efforce de protéger la liberté individuelle, mais ne s'adressent pas spécialement à l'application donnée à la loi, en ce qui concerne les criminels atteints d'aliénation mentale.

12° Les inculpés, dont les facultés mentales paraissent altérées, sont soumis aux expertises médico-légales, soit dans l'intérieur des prisons, soit dans les asiles, suivant les cas ; il n'y a pas de règle fixe à cet égard.

13° Les détenus, atteints d'aliénation mentale postérieurement à leur condamnation, sont tous soignés dans le même asile. (Voy. la circulaire du Ministre de la justice du 30 mars 1871 ; annexes nᵒ VII.)

PIÈCES JOINTES A LA RÉPONSE DE M. GODEFROI

I. *Extrait de la loi du 29 mai 1841 sur le régime des aliénés.*

ART. 1ᵉʳ. — Par aliénés, la présente loi entend ceux qui sont, soit complétement, soit en partie, privés du libre usage de leurs facultés intellectuelles.

ART. 3. — Les individus, atteints d'aliénation mentale, ne pourront pas être placés avec d'autres individus, ne se trouvant pas dans cet état, dans le même établissement, sauf le cas d'urgence, avec l'autorisation du roi, et, en tout cas, dans des quartiers séparés.

ART. 7. — Les asiles d'aliénés sont soumis à la haute surveillance du gouvernement, qui, aussi souvent qu'il le juge nécessaire, s'assurera, par une visite locale, qu'ils répondent à leur but.

S'il résulte de la visite, que l'asile ne répond plus à son but, il pourra être supprimé sur l'avis des états députés de la province (1).

Art. 9. — Les procureurs du roi près les tribunaux d'arrondissement, accompagnés de l'inspecteur médical de la province, visiteront à des époques indéterminées, mais une fois au moins dans les trois mois, les asiles de leur ressort, afin de s'assurer que personne ne s'y trouve placé ou retenu illégalement et que les aliénés y reçoivent un traitement convenable.

Les directeurs des asiles donneront, dans les vingt-quatre heures, avis aux procureurs du roi de chaque placement ou sortie, en observant à l'égard des sorties les prescriptions de l'article 27.

Art. 10. — Dans les cas, où, par suite d'aliénation mentale d'un individu, qui n'a pas été interdit pour cette cause, il y aura nécessité de pourvoir immédiatement à sa surveillance, l'époux, ainsi que tout parent ou allié, ou toute autre personne chargée de veiller au malade, pourra s'adresser au président du tribunal d'arrondissement du domicile ou du lieu de séjour de l'aliéné, afin d'obtenir l'autorisation de le placer provisoirement dans un asile d'aliénés.

Le ministère public a le même droit, à défaut des personnes ci-dessus nommées, ou dans le cas où celles-ci ne s'intéresseront pas au sort du malade. Il sera tenu d'exercer ce droit, lorsque le placement est requis, dans l'intérêt de l'ordre public, ou jugé nécessaire, afin de prévenir des malheurs (2).

En attendant, l'aliéné sera conduit en lieu sûr par les soins de l'administration locale, qui en donnera avis au ministère public dans les vingt-quatre heures.

Art. 12. — Les demandes seront faites par requête d'avoué ou par réquisitions écrites du ministère public.

Les requêtes et réquisitions indiqueront l'asile dans lequel l'aliéné doit être placé. Elles seront accompagnées d'un certificat, délivré, dans la quinzaine précédant la demande, par un médecin

---

(1) La Commission permanente de la représentation provinciale ( *Etats provinciaux* ).

(2) Il résulte des circulaires du Ministre de la justice du 9 juillet 1852 et du 22 juin 1868 (Voy. Annexes n°. III), que le ministère public est tenu d'exercer ce droit toutes les fois qu'il s'agit d'aliénés, se trouvant en état de détention.

(à l'exception de celui de l'asile, dans lequel l'aliéné doit être placé), énonçant tous les faits prouvant la démence et accompagné des procès-verbaux et des autres documents à l'appui.

Art. 13. — Lorsque le certificat médical, soit seul, soit en rapport avec les faits justificatifs, confirme suffisamment l'état de démence, le président du tribunal, après avoir pris l'avis du ministère public sur la requête, accordera l'autorisation. Le président signera son ordonnance sur la requête ou les réquisitions ; il pourra en prononcer l'exécution provisoire, sur la minute et avant l'enregistrement.

Lorsque le président refusera d'accorder l'autorisation, il constatera son refus sur la requête ou les réquisitions et en donnera avis au tribunal, qui prononcera conformément aux prescriptions du présent article.

L'ordonnance du président ou du tribunal devra être mise à exécution dans la quinzaine, à peine de déchéance.

Art. 14. Le médecin de l'asile sera tenu, pendant les quatre premières semaines, à compter du jour de placement, de prendre journellement note du résultat de son expertise.

Dans les quatre semaines, il dressera un rapport raisonné dans lequel il donnera son avis sur la question de savoir si l'état du malade exige son séjour dans l'asile dans l'intérêt de son rétablissement ou dans celui de l'ordre public, ou bien afin de prévenir des malheurs.

Art. 15. Dans les six semaines de la date de l'ordonnance du président ou du tribunal, le rapport, mentionné à l'article précédent, sera, avec une nouvelle requête ou de nouvelles réquisitions, communiqué au tribunal, qui, à moins que de graves motifs ne s'y opposent, le ministère public entendu, accordera l'autorisation du séjour du malade dans l'asile pour un temps d'essai, qui n'excédera pas le terme d'une année.

Art. 16. Le certificat du médecin de l'asile suffira pour accorder l'autorisation.

Le tribunal pourra cependant, s'il le juge nécessaire, faire comparaître devant lui tous ceux qui pourraient être à même de l'éclaircir sur l'état du malade.

Ces individus seront cités par les soins du requérant ou du ministère public. Ils seront entendus en chambre du conseil, sans aucune formalité.

— Le ministère public assistera à l'enquête, s'il n'est pas lui-même partie principale.

Le malade ne sera jamais entendu.

Art. 17. Les ordonnances du tribunal seront apposées sur la requête ou les réquisitions et pourront être exécutées sur la minute et avant l'enregistrement. Elles ne seront pas prononcées en audience publique. Ces ordonnances et celles du président ne seront pas signifiées à l'accusé.

Art. 18. Lors du placement de l'aliéné dans un asile, il sera délivré au directeur, qui le recevra, expédition de l'ordonnance, portant l'autorisation. Il en sera fait mention dans le registre destiné à l'inscription de l'ordonnance, et l'expédition y sera annexée.

Il sera fait de même à l'égard des ordonnances, mentionnées aux ar does 15, 19, 20 (alinéa dernier), 24 et 26. Dans le cas, où l'exécution aura été ordonnée sur la minute, l'ordonnance sera inscrite en entier, sans préjudice de l'obligation d'annexer au registre, dans le plus bref délai, une expédition de l'ordonnance.

Art. 19. Lorsque, pendant le temps d'essai, le malade ne se rétablit pas, le médecin de l'asile délivrera un certificat motivé, constatant l'état dans lequel il se trouve.

Ce certificat sera, avant l'expiration du temps d'essai, présenté au tribunal, qui aura accordé l'autorisation et qui, dans la forme prescrite ci-dessus, pourra accorder un nouveau temps d'essai, n'excédant pas le terme d'une année.

A l'expiration de cette seconde année, il pourra, s'il y a lieu, être agi encore une fois de même.

L'aliéné, qui en vertu de la présente loi aura été placé dans un asile, y sera retenu tant que les délibérations du tribunal sur la prolongation de son séjour n'auront pas abouti.

Art. 20. Après l'expiration du troisième temps d'essai, l'aliéné sera considéré comme se trouvant en état permanent de démence. S'il est majeur, à moins qu'il n'ait déjà été interdit, il sera conformément aux dispositions du Code civil procédé à son interdiction par le tribunal de son domicile.

Le tribunal pourra, s'il y a lieu, accorder l'autorisation de retenir l'aliéné dans l'asile, tant qu'il n'aura pas été statué sur la demande d'interdiction.

Art. 21. Toutes les fois qu'un aliéné aura été placé dans un asile, sur les réquisitions du ministère public, il en sera donné

avis à ceux qui ont demandé le placement ou, à défaut de ceux-
ci, à un des proches parents ou alliés.

Art. 23. Les ordonnances relatives au placement d'un aliéné
dans un asile ne seront considérées que comme autorisant le
placement.

La sortie aura lieu sans intervention du pouvoir judiciaire.

Lorsque le médecin de l'asile aura consigné dans le registre,
mentionné à l'article 18, la déclaration, qu'un individu placé ne
présente aucun symptôme de démence, ou bien qu'il est suffisamment rétabli, il sera procédé à sa sortie par les soins de la
direction de l'asile, qui s'entendra avec ceux sur la demande
desquels le placement a eu lieu (1). Si, dans la huitaine, ceux-ci
négligent de coopérer à la sortie, la direction s'entend  près
ce délai avec l'administration de la commune, dans  elle
l'asile est situé, afin que celle-ci pr nne les mesures que nécessite l'état de l'individu, pour son transport au lieu de sa desti-
nation.

Art. 24. Lorsque le délai, fixé à l'article 15, sera expiré, sans
qu'une nouvelle demande ait été adressée au tribunal, ou après
l'expiration du temps pour lequel l'autorisation a été accordée,
le ministère public ordonnera la sortie du malade, à moins
qu'elle ne puisse avoir lieu sans danger pour l'ordre public ou
sans qu'il y ait des malheurs à craindre. Dans ce cas, le ministère
public sera tenu de requérir, dans les formes de la présente loi,
le placement de l'aliéné.

Art. 25. Lorsque les procureurs du roi auront constaté qu'un
individu a été illégalement placé ou retenu dans un asile, ils le
feront mettre immédiatement en liberté, sans préjudice de l'application de la loi pénale, s'il y a lieu.

L'exception de l'article précédent est applicable dans le cas du
présent article.

Art. 26. Lorsque, sur une demande de sortie, le médecin de
l'asile déclarera que la sortie ne peut avoir lieu sans danger
pour l'ordre public, ou sans que des malheurs soient à craindre,
la direction de l'asile transmettra immédiatement la déclaration
au ministère public près le tribunal qui a accordé lui-même, ou
dont le président a accordé l'autorisation de placement.

---

(1) Et par conséquent avec le ministère public, qui, dans le cas où il
s'agit d'un aliéné criminel, prendra les mesures nécessaires.

Sur ses réquisitions, le tribunal pourra ordonner que la sortie n'aura pas lieu, tant que le danger ou la crainte subsistera.

L'ordonnance du tribunal sera transmise par le ministère public à la direction de l'asile, qui sera tenue de s'y conformer.

Aʀᴛ. 27. Sauf l'obligation d'observer la disposition de l'alinéa second de l'article 9, les directions des asiles donneront avis de chaque sortie, dans les vingt-quatre heures, au procureur du roi près le tribunal qui lui-même, ou dont le président a accordé l'autorisation de placement. Elles indiqueront le motif de la sortie, et, si elle a eu lieu par suite d'une demande, la personne de qui la demande émane.

Aʀᴛ. 30. Toute contravention aux dispositions des derniers alinéas des articles 3 et 9, ainsi qu'à celle des articles 14, 18, 23, 26 et 27 de la présente loi, sera punie d'une amende de 7 à 75 florins, sans préjudice de l'application de la loi pénale, s'il y a lieu.

II. L'article 452 du Code néerlandais de procédure pénale est conçu en ces termes :

« Lorsqu'un individu, après avoir commis un fait punissable, a été atteint d'aliénation mentale, et lorsque cet état aura été constaté par le juge, qui doit connaître de la cause, il sera sursis à l'action publique, jusqu'après le rétablissement du prévenu ou accusé ; le tout sans préjudice des dispositions des articles 453 et 454. »

Il s'agit dans ces deux derniers articles de la poursuite de l'amende et de la confiscation, en matière fiscale, contre le curateur du prévenu ou accusé, atteint d'aliénation mentale.

III. Circulaires du Ministre de la justice du 9 juillet 1852 et du 22 juin 1868, prescrivant que, dans le cas où des détenus devront être placés dans un asile d'aliénés, l'administration de la prison devra s'adresser au procureur du roi compétent, pour qu'il requière, en vertu de l'article 10 de la loi du 29 mai 1841, sur le régime des aliénés (Voy. l'annexe I), l'autorisation du tribunal pour le transfèrement du détenu à l'asile.

IV. Dépêche du Ministre de la justice du 13 mai 1865, prescrivant aux administrations des prisons de mentionner dans les tableaux statistiques de la population des prisons les détenus placés dans un asile d'aliénés et la durée de leur séjour dans l'asile.

V. Dépêche du Ministre de la justice du 24 juillet 1865, portant que la peine d'emprisonnement, dès qu'elle a reçu un commencement d'exécution, n'est pas interrompue par une maladie mentale du détenu, que la durée en court même pendant le temps que dure l'aliénation mentale.

VI. Dépêche du Ministre de la justice du 14 août 1867, portant que les frais de placement de détenus dans un asile d'aliénés, sont à la charge de l'État.

VII. Circulaire du Ministre de la justice du 30 mars 1871, portant communication aux administrations des prisons, que la direction de la Société pour le traitement des aliénés dans un établissement rural, situé à Rosmalen (province du Brabant Septentrional), s'est obligée à recevoir les détenus, atteints d'aliénation mentale, pendant une période de douze ans, pour être soignés aux frais de l'État, moyennant une rétribution de 90 cents (à peu près 2 francs), par individu et par jour, et un remboursement de 10 florins (21 à 22 francs), par individu pour frais de sépulture.

B

RÉPONSE DE M. D. H. DELPRAT, MEMBRE DE LA COMMISSION DES PRISONS
A ROTTERDAM.

Rotterdam, 4 juillet 1878.

En réponse à votre lettre de juin 1878, j'ai l'honneur de vous faire parvenir le résultat de mes recherches relatives à la question sur les aliénés criminels.

En Hollande, il n'y a pas une loi spéciale pour les prévenus ou les accusés atteints d'aliénation mentale, mais les règles générales, contenues dans la loi du 29 mai 1841 n° 20, pour ceux qui sont tombés en démence, s'appliquent aussi à eux.

D'après l'article 10 de cette loi, le ministère public peut requérir, en vue de l'ordre public ou afin de prévenir des malheurs, — quand les personnes nommées dans l'article 1er de cette loi s'abstiennent ou sont absents, — le mandat d'arrêt auprès du président du tribunal, et suivant l'article 15 de cette même loi, il peut y revenir plus tard auprès du tribunal même. Comme la loi le dit expressément, ceci n'a lieu que sur des témoignages

par écrit, donnés par des médecins, qui cependant ne sont pas
spécialement nommés pour cette expertise légale. puisque chaque médecin, hors de ces asiles, est déclaré compétent.

La loi de 1841 est dans ces derniers temps l'objet de critiques
sérieuses, et une révision serait bien désirable. Pendant plusieurs années, elle fut considérée comme un chef-d'œuvre donnant satisfaction en tous points. Elle fut en grande partie l'œuvre
du célèbre professeur Schreuder van der Kolle. Quoiqu'à la
rigueur le certificat du médecin jouit d'une grande autorité et
que le pouvoir judiciaire s'y rapporte ordinairement, il n'est
cependant en aucune manière tenu de s'y soumettre légalement.
Les autorités judiciaires ont le droit d'examen et peuvent se faire
éclairer par des dépositions de témoins, par des visites et inter-
rogatoires ou même en s'adjoignant d'autres médecins.

Il existe un asile spécial pour les prisonniers aliénés. L'État
a désigné, comme lieu de leur retraite, un édifice à Rosmalen, à
une heure de distance de Bois-le-Duc (province Nord-Brabant).
Par circulaire ministérielle du 30 mars 1871, on a notifié au ministère public d'y faire placer tous les accusés ou prévenus avec
facultés mentales altérées. Puisque aucun placement dans un
asile d'aliénés n'a lieu sans l'autorisation judiciaire, on prévient
les conflits, qui sans cela pourraient se soulever ou par le sursis
de la procédure ou la suspension du jugement. Si la condamnation
a déjà reçu un commencement d'exécution, l'aliénation mentale
des détenus ne sursoit point à leur peine.

Voici, Monsieur, une réponse très-insuffisante au questionnaire que vous avez bien voulu m'adresser, mais notre législation
présente en vérité sur cette matière bien des lacunes, et puisque
la plupart des questions ne sont pas encore résolues dans notre
pays, il me semblait mieux de laisser de côté le questionnaire,
et de vous renseigner d'une façon telle quelle de cette manière.

## *Hongrie et Croatie.*

### A

**RÉPONSE DE M. AL. LAHOVARD.**

12/24 août 1878.

Nos lois sont très-brèves sur la question qui fait l'objet de vos
travaux. Je ne connais, à vrai dire, dans nos codes, qu'une seule

disposition qui vise les aliénés de la catégorie qui fait l'objet du questionnaire joint à votre lettre. Cette disposition est l'article 57 de notre Code pénal, qui, du reste, n'est que la traduction de l'article 64 de votre code. « Il n'y a ni crime, ni délit, lorsque le prévenu était en état de démence au temps de l'action. » La conséquence de cette disposition isolée est donc la mise en liberté immédiate de l'aliéné criminel sitôt que l'état de démence au temps de la perpétration du fait criminel a été reconnu, soit par le juge d'instruction, soit par le tribunal.

Une fois en liberté l'aliéné criminel rentre dans la loi commune, et il n'est soumis qu'aux mesures applicables en général à tous les individus qui sont en état de démence.

La législation commune est elle-même excessivement sommaire.

La disposition la plus générale que je connaisse à ce sujet, se trouve dans la Loi communale: l'article 98 de cette loi est ainsi conçu :

« Le maire (dans les localités où la police lui est confiée, le préfet de police dans les autres), est chargé de veiller sur les individus notoirement en état de démence, qui vagueraient en liberté. Il doit prendre les mesures voulues pour prévenir les malheurs qu'ils pourraient occasionner. Si leur famille refuse de se charger de leur garde et de leur surveillance, il a le droit, en cas de nécessité, de les faire arrêter et déposer dans un hospice ou une maison de santé, à charge d'en avertir dans les trois jours le procureur du tribunal local. »

De ces citations il résulte clairement, Monsieur, que notre législateur, jusqu'à présent du moins, n'a songé à organiser aucun régime spécial pour les aliénés criminels. Je dois ajouter que, vu surtout le peu de cas de cette nature qui se sont présentés dans les instances criminelles, cette législation n'a jusqu'ici soulevé aucune critique.

Faut-il vous avouer du reste qu'en ce moment les préoccupations publiques sont bien loin de toutes ces questions si élevées, si importantes pourtant?

Je serais heureux, Monsieur, si ces renseignements bien sommaires pouvaient être de quelque utilité.

Il est à désirer que l'œuvre si éminemment morale et philanthropique à laquelle vous donnez vos soins, aboutisse à un résultat digne du zèle et du talent de ceux qui s'y consacrent.

**B.**

**RÉPONSE DE M. LE D<sup>r</sup> E. TAUFFER, DIRECTEUR DU PÉNITENCIER DE LEPOGLAVA.**

Lepoglava en Croatie, le 6 juin 1878.

1° Dans notre pays, les accusés ou prévenus atteints d'aliénation mentale et reconnus irresponsables par la cour, qui les acquitte, sont soumis à la surveillance de leur famille, s'ils ne sont pas dangereux pour la société, ou à la surveillance des magistrats auxquels ils appartiennent; — dans l'autre cas, s'ils sont dangereux pour la société, ils sont gardés dans les maisons destinées aux aliénés.

2° Dans le royaume de Croatie et de Hongrie, il n'y a pas de régime spécial pour les aliénés criminels, le petit nombre de ces criminels est gardé dans des asiles publics.

3° L'irresponsabilité de l'accusé ou du prévenu atteint d'aliénation mentale, est déclarée par l'arrêt du tribunal.

En Hongrie et Croatie les crimes communs ne sont pas soumis au jury.

4° L'autorité administrative ordonne le transfèrement dans l'asile, après avoir reçu l'information de l'autorité judiciaire.

5° La durée minima du séjour dans l'asile n'est pas fixée.

6° L'asile est inspecté et visité par la section sanitaire de l'autorité supérieure, de temps en temps inopiné.

7° La sortie des aliénés qui ont commis un crime ou délit n'est pas soumise à des règles spéciales.

8° Les médecins sont les seuls juges de l'opportunité des sorties.

9° Le pouvoir judiciaire et l'autorité administrative n'ont aucun droit d'examen.

10° Dans le royaume de Croatie, cette matière est réglée par le Code d'instruction criminelle, — en Hongrie, seulement par l'usance des autorités.

11° La loi en vigueur et l'usance dans notre pays sont bien rarement l'objet de critiques sérieuses, car il n'y a pas d'abus.

12° Les inculpés dont les facultés mentales paraissent altérées, sont soumis en Croatie à l'article 125 du Code d'instruction criminelle du 17 mai 1875.

Cet article est ainsi conçu :

« Quand le soupçon existe que le coupable a été déjà atteint d'aliénation mentale auparavant qu'il a commis le crime, on le laisse observer et visiter par deux médecins qui ont le devoir de faire le rapport à la cour suivant leur conviction. »

Dans le royaume de Hongrie il existe presque la même usance.

L'examen médical se fait lorsqu'il y a de grands hôpitaux publics, dans la chambre d'observation de ces établissements, et, s'il n'en n'existe pas, dans l'infirmerie de la prison.

13º Les détenus atteints d'aliénation mentale postérieurement à leur condamnation, sont transmis par l'ordre de l'autorité supérieure dans l'asile ; jusqu'à l'arrivée de cet ordre, ils sont gardés et maintenus dans l'infirmerie de l'établissement.

14º Je n'ai aucun document à transmettre.

## Portugal

### RÉPONSE DE M. HENRI MIDOSI, AVOCAT A LISBONNE.

1º, 2º et 3º D'abord il faut connaître le texte de la loi portugaise, ce qui épargne la réponse à plusieurs questions. C'est l'article 1182 du Code de procédure criminelle, ainsi conçu :

« Si pendant les débats, le prévenu est atteint d'aliénation mentale, ou même s'il perd connaissance de tout ce qui se passe autour de lui, le juge ordonnera expertise ; et si l'on prouve la réalité de la maladie, l'affaire est ajournée jusqu'au moment où le prévenu sera en état de répondre. Dans le cas de fausse maladie, le juge poursuit même sans la présence du prévenu. »

Il n'y a pas de régime spécial ; mais, dans le cas de maladie sérieuse, le prévenu entre dans le grand hospice des fous de *Rilhafoles,* à Lisbonne ; cet hospice suffit pour la population de la ville ; à *Porto*, à *Coïmbra* et autres villes, il y a des hospices du même genre.

Selon notre loi civile, celui qui est acquitté de la responsabilité criminelle, répond toujours civilement des dommages-intérêts, sauf le cas où il a un *tuteur* ou *curateur*, parce que, alors, ce sont eux qui sont responsables. (Art. 2377 du Code civil portugais.)

L'interdiction des fous est déclarée à la demande du ministère public (art. 89, § 5, C. Proc. civ.) ; si elle n'a pas été demandée par les parents du fou ou par sa femme, s'il est marié, etc. (Voy. aussi Code civil, art. 315, 316).

4° C'est l'autorité judiciaire qui ordonne le placement dans l'asile; il y a certains cas dans lesquels l'autorité administrative peut aussi ordonner l'entrée, mais jamais lorsqu'il s'agit d'un accusé, d'un prévenu ou d'un interdit déclaré judiciairement.

5° La durée minima du séjour dans l'asile n'est pas fixée.

6° La visite et les inspections de l'hôpital sont établies par un règlement particulier que je pourrai offrir plus tard.

7° La sortie des aliénés ayant commis un crime ou un délit n'est pas soumise à des règles spéciales; pourtant les aliénés peuvent être mis sous la surveillance de la police.

8° Les médecins sont seuls juges de l'opportunité des sorties.

9° L'autorité judiciaire a un droit d'examen.

10° La matière est réglée par le Code civil et le Code de procédure.

11° La loi est insuffisante pour le cas de l'altération des facultés d'un criminel au cours de l'instruction; et dans le cas de l'irresponsabilité déclarée par un jugement. — Il serait à souhaiter qu'il y eût un régime spécial et aussi une surveillance; au cours de l'instruction, il peut y avoir des expertises médico-légales ordonnées par le juge.

Paris, le 10 août 1878.

## Russie.

RÉPONSES DE S. E. M. GROT, MINISTRE D'ÉTAT, MEMBRE DU CONSEIL PRIVÉ DE S. M. L'EMPEREUR DE RUSSIE.

Saint-Pétersbourg, le 10 octobre 1878.

1° Nos lois pénales (Code des peines criminelles et correctionnelles), distinguent trois catégories de maladies mentales, savoir : 1° l'idiotisme et la folie (art. 95) ; 2° les accès maladifs de fureur ou de perte de connaissance (art. 96) ; 3° la décrépitude mentale et le somnambulisme (art. 97).

Les acquittés de toutes ces catégories sont mis en liberté sur-le-champ, sauf les individus accusés d'homicide (meurtre ou assassinat), de tentative d'homicide ou de suicide. Les acquittés, accusés de ces crimes, subissent un régime spécial.

2° Les acquittés de la première catégorie (art. 95) sont enfermés dans les maisons d'aliénés, lors même que des parents

auraient déclaré vouloir se charger de les garder et de les traiter.
Les acquittés de la seconde et de la troisième catégories (art. 96–
97) doivent être remis aux soins de leurs parents ou tuteurs, ou,
de leur consentement, à toute autre personne avec l'obligation de
les surveiller, de les traiter et d'éloigner toutes les conséquen-
ces d'accès de maladies qui pourraient être nuisibles aux autres
ou au malade lui-même. Néanmoins, cette remise n'est pas obligatoire: si le tribunal juge que les personnes, qui réclament la remise des malades, ne méritent pas la confiance et ne laissent pas
attendre le strict accomplissement de leurs devoirs, il peut ordonner de mettre le malade de la seconde catégorie à l'hôpital, où
il doit rester jusqu'à la guérison complète (art. 96) et les malades
de la troisième catégorie sont placés dans des asiles de bienfaisance publique (art. 97).

Les acquittés de la première catégorie placés dans les maisons
des aliénés, ne peuvent être libérés de ces maisons, sans autorisation spéciale de la haute administration. Si le traitement a produit une guérison complète et si pendant deux ans aucun
accès de folie ne s'est manifesté, les malades sont mis en iberté
d'après la constatation spéciale de leur état mental. Ce délai de
deux ans peut être abrégé lorsqu'il est constaté que la libération
ne peut donner lieu à aucun danger; un pareil convalescent
peut être remis à ses parents avec l'obligation de le surveiller et
de prendre toutes les précautions nécessaires ou de le réintégrer
dans la maison des aliénés en cas de renouvellement des accès
de maladie (Append. à l'art. 95).

3° La constatation de l'état mental demande une procédure
spéciale. Cette procédure est décrite dans le Code d'instruction
criminelle (art. 353 à 356 et 692). Sous ce rapport, le code dis-
tingue l'état de prévention et l'état d'accusation,

**A.** *L'état de prévention.* — Si l'instruction démontre que le
prévenu est atteint d'aliénation mentale, le juge d'instruction,
après avoir constaté cet état (moyennant les conclusions du
médecin judiciaire, l'examen du prévenu et les avis des personnes
qui connaissent de près sa manière d'agir et de raisonner), —
remet l'affaire au procureur avec l'avis du médecin judiciaire sur
le degré d'imbécillité ou de folie du prévenu (art. 353). Le
procureur (du tribunal d'arrondissement) renvoie la procédure sur
la démence avec ses conclusions devant le tribunal d'arrondis-

sement (art. 354). Le tribunal d'arrondissement examine la question dans une audience, composée de trois juges, du chef ou d'un membre du Collége de médecine (1) et de deux médecins, désignés par le susdit collége. Si le tribunal d'arrondissement siége hors du chef-lieu de la province, la question sur la folie est vidée à l'audience, composée de trois juges et de deux médecins désignés par la section sanitaire de la régence de province; mais, en ce cas, le tribunal a le droit d'appeler à l'audience, soit sur la demande des parties, soit d'office, un troisième médecin, choisi par le tribunal lui-même (art. 355). L'arrêt de non-lieu ou qu'il n'y a pas à suivre, est rendu ou par le tribunal d'arrondissement, ou par la chambre criminelle de la Cour d'appel, selon à qui des deux appartient le droit de mettre le prévenu en état d'accusation (art. 356).

La procédure sur la folie doit avoir lieu à huis-clos (arr. de la Cour de cass. 1871, n° 990).

B. *L'état d'accusation.* — Si la question de la démence a été décidée contre l'inculpé dans le cours de l'instruction, et en général, si le tribunal, qui doit statuer sur le fond de l'affaire, trouve l'expertise faite en état de prévention, insuffisante, — il a le droit d'ordonner une nouvelle expertise médico-légale. En ce cas, les experts sont choisis par le tribunal lui-même et l'expertise peut être faite soit à l'audience, soit ailleurs, à condition que les résultats de l'expertise soient rapportés par les experts à l'audience du tribunal (art. 692).

En commentant cet article, la Cour de cassation a déclaré que le choix des procédés de l'expertise et des experts appartient exclusivement au pouvoir discrétionnaire du tribunal (arr. 1867, n° 204; 1872, n° 574), — d'où il suit que l'accusé peut être observé ou détenu pendant l'expertise dans la maison des aliénés ou dans une maison de santé, privée ou publique.

Les mêmes règles régissent le cas, où la question de la démence a été soulevée pour la première fois à l'audience du tribunal dans le cours des débats (arr. 1869, n° 135).

En vertu de l'article 754 du Code d'instruction criminelle, la question de la démence doit être spécialement posée au jury. La forme de cette question ne diffère en rien d'autres

(1) Institution spéciale (administration sanitaire) siégeant dans chaque ville de gouvernement.

questions posées au jury sur les faits justificatifs en général.
Il va sans dire, que la question doit contenir l'indication de
la forme générique de la maladie (folie, accès maladifs de
fureur ou de la perte de connaissance, décrépitude mentale,
somnambulisme),

Ainsi deux règles générales dominent toute cette matière :
1° le tribunal ne peut résoudre la question de la démence sans
avoir entendu les avis des experts (arr. de la Cour de cass. 1869,
n° 135; 1873, n° 571); et 2° les cours d'assises sont tenues de
poser au jury, sous peine de nullité, une question spéciale sur la
démence.

4° Le placement dans les maisons des aliénés, dans l'asile de
bienfaisance publique ou dans la maison de santé, ne peut être
ordonné que par l'autorité judiciaire. Cette ordonnance forme
une partie intégrante de l'arrêt de non-lieu ou de l'arrêt d'acquittement.

5° Notre loi fixe le maximum et non le minimum du séjour
dans la maison des aliénés. (Voy. sub n° 2.)

6° Nous n'avons pas de règles spéciales pour les acquittés
placés dans l'asile; leur régime est celui de l'asile où ils sont
enfermés.

7° Voy. sub n° 2.

8° Voy. sub n° 2.

9° Voy. sub n° 2.

10° Articles 95 à 97 du Code des peines criminelles et correctionnelles et articles 353 à 356 et 692 du Code d'instruction criminelle.

11° Les dispositions de nos lois n'ont donné lieu à aucune
critique sérieuse.

12° Les expertises préliminaires se font parfois dans les prisons
mais ordinairement elles ont lieu dans les maisons de santé ou
dans celles des aliénés.

13° Cela dépend de la gravité de la maladie et de l'état sanitaire
des prisons. Nous n'avons pas d'asiles spéciaux pour les aliénés
acquittés. (Voy. sub n° 2.)

*Dans une autre lettre du mois de juillet 1878*, M. GROT répondant aux n°ˢ 4, 5, et 7 du questionnaire s'exprime ainsi :

« Le placement dans l'asile d'aliénés doit être ordonné par une
sentence du tribunal après avoir entendu l'avis du procureur. La

durée du séjour dans l'asile est fixée à deux ans et si, pendant ce temps, l'accusé n'a pas eu d'attaques d'aliénation, il peut être libéré, mais pas autrement que par un jugement du tribunal. La durée de deux ans peut aussi être diminuée par ordre du tribunal. »

## Suède.

RÉPONSE DE M. ALMQUIST, DIRECTEUR GÉNÉRAL DES ÉTABLISSEMENTS PÉNITENTIAIRES

Stockholm, 14 juillet 1878.

1° Les accusés ou prévenus, atteints d'aliénation mentale et reconnus irresponsables par la sentence judiciaire qui les acquitte, sont transportés dans un asile ordinaire.

2° Ils ne sont généralement pas soumis à un régime spécial; si les circonstances le demandent, ils sont gardés dans un quartier spécial ou dans une cellule.

3° L'irresponsabilité de l'inculpé, atteint d'aliénation mentale, est déclarée par le tribunal, après instruction préliminaire, et sur l'avis des médecins de la prison. En Suède, le jury reconnaît la culpabilité, mais ne se prononce jamais sur l'état mental de l'accusé.

4° La sentence du tribunal étant rendue, l'autorité administrative décide s'il y a lieu à placement dans un asile.

5° Il n'y a pas de durée minima de séjour dans l'asile.

6° L'inspection des asiles est exercée par le chef supérieur de l'administration générale des asiles qui constitue spécialement un médecin à cet égard. Dans chaque asile, les membres d'une commission spéciale exercent une surveillance.

7° 8° et 9° La sortie des aliénés, ayant commis un crime ou un délit, est ordonnée par l'autorité administrative après que le médecin officiel a reconnu le rétablissement de la santé.

10° Il existe sur la matière une loi du 5 mars 1858.

11° Cette loi est soumise à une révision, la nouvelle sera plus complète et plus précise.

12° Au cours de l'instruction les inculpés sont généralement soumis aux expertises médico-légales dans l'intérieur des prisons, mais, si le médecin ou l'autorité médicale supérieure le demande, on les transporte pour un examen plus rigoureux dans un asile d'aliénés.

13° Les détenus atteints d'aliénation mentale, postérieurement à leur condamnation, sont transportés dans un asile ordinaire. Il n'existe pas d'asile spécial.

En se plaignant des désordres et de la gêne occasionnés par les criminels, l'autorité supérieure des asiles a demandé la création d'asiles spéciaux pour les aliénés criminels, mais vu le petit nombre de ces individus, l'arrangement d'asiles particuliers n'a pas encore eu lieu.

## Suisse.

## A

RÉPONSE DE M. LE DOCTEUR GUILLAUME, DIRECTEUR DU PÉNITENCIER DE NEUFCHATEL

1° 2° et 3° Les accusés ou prévenus atteints d'aliénation mentale et reconnus irresponsables par la sentence judiciaire qui les acquitte, sont traités comme des aliénés et, au besoin, internés dans une maison de santé destinée à tous les aliénés, criminels ou non.

4° C'est, en général, l'autorité administrative qui ordonne le placement dans les asiles.

5° La durée minima du séjour dans l'asile n'est pas fixée; cela dépend de la marche de la maladie.

6° Les maisons de santé sont placées sous la surveillance de l'État.

7° Il n'y a pas de règles spéciales pour la sortie.

8° Les médecins sont seuls juges de l'opportunité des sorties.

9° L'autorité administrative a seule un droit d'examen.

10° et 11° Une nouvelle loi est à l'étude dans le canton de Neufchâtel et vous sera communiquée dès qu'elle aura été adoptée.

12° Les inculpés, dont les facultés mentales paraissent altérées sont soumis aux expertises médico-légales dans les prisons; au besoin, ils sont envoyés dans une maison de santé pour y être observés.

13° Les détenus, atteints d'aliénation mentale postérieurement à leur condamnation, sont envoyés dans une maison de santé ordinaire.

14° Je réunis les documents sur la matière et vous les communiquerai lorsqu'ils auront été recueillis.

*Observations.* — Nous n'avons en Suisse ni asiles pour les aliénés criminels, ni dispositions spéciales pour les accusés de ce genre.

A Zurich, la question de l'imputabilité est soumise au jury qui entend des experts aliénistes.

B

RÉPONSE DE M. LE DOCTEUR RIST

La Métairie près Nyon, 20 septembre 1878.

Mon ami M. Lehr m'a communiqué un questionnaire que la Société générale des prisons adresse à ses membres résidant à l'étranger, avec prière de le remplir. Il s'agit des aliénés criminels et M. Lehr a pensé que je serais plus à même que lui de fournir des renseignements sur ce qui se passe en Suisse.

J'ai fait des efforts pour arriver sur ce sujet à quelques réponses positives, mais, après enquête, je m'arrête et vous prie de m'excuser si je ne vous fournis rien qui puisse vous être utile. Il faut renoncer à mettre quelque ordre dans le chaos que présente la Confédération sur ce sujet. Les vingt-deux cantons ont des législations différentes sur les aliénés, et je n'en connais pas une qui s'occupe des aliénés criminels. Reste la pratique : mais, là encore, je trouve des manières de faire si diverses dans les différents cantons, et souvent dans le même canton, que je renonce à la tâche de décrire les usages de tel ou tel conseil d'Etat (pouvoir exécutif) ou de tel ou tel parquet. De fait, comme dans les petites démocraties suisses les citoyens vivent très-rapprochés les uns des autres, les conseils d'État et les directeurs d'asile arrangent en général les choses d'un commun accord, et les gros scandales sont impossibles dans un pays où l'opinion publique est absolument souveraine et où le pouvoir exécutif n'est que son très-humble serviteur.

De là ce caractère vague et flottant des mesures prises à l'égard des aliénés criminels. De là, également, la sécurité assez grande dans laquelle on peut vivre, chaque cas étant, en quelque manière individualisé, et les deux ou trois criminels qui vivent dans chaque asile étant des personnalités connues, dont le sort est strictement surveillé.

La petitesse des républiques suisses sert, dans bien des cas, à expliquer ces anomalies singulières. Ce qui est grosse question dans un grand Etat, demeure presque insignifiant dans un canton dont la population n'excède pas celle d'une ville de moyenne grandeur.

Veuillez m'excuser, Monsieur, de ne vous envoyer que ces quelques lignes au lieu des renseignements circonstanciés que vous étiez en droit d'attendre, et veuillez, en même temps, agréer l'assurance de ma considération très-distinguée.

IMPRIMERIE CENTRALE DES CHEMINS DE FER. — A. CHAIX ET Cⁱᵉ
RUE BERGÈRE, 20, A PARIS. — 10513-8.

9 782016 129227